子どもがつながる！

オンライン学級あそび

編著 庄子 寛之
深見 太一

学陽書房

今こそ現場にオンラインを導入しよう！

「おはよう！元気だった？」

オンライン朝の会を始めた初日、約2か月ぶりに会う子どもたちの顔を見て、涙が出そうになりました。

この時に、「リアルにはない、オンラインの良さがある」と強く感じました。普段は発言しない子どもが、チャットをたくさん書いていたり、全員が前を向いているからこそ、わかることがあったり…。

5月の休校中に行った朝の会は、たった数回のことでしたが、私にとって、かけがえのない時間になりました。それは、オンライン授業を行った全国の先生方が感じられたことなのではないかと思います。

新型コロナウイルスによる突然の休校で、学校現場における情報化の遅れがクローズアップされることになりました。

今は日常を取り戻しつつありますが、リアルとオンラインのハイブリット学習をしている公立学校は、どれだけあるでしょうか？　結局、従来の学習の在り方に戻ってはいないでしょうか？

今年から施行される新学習指導要領では、「予測困難な時代に生きる子どもたち」という文言がありますが、コロナの影響で、すでに私たちが予測困難な時代を生きています。

正解のない時代。子どもたちのために、今までやったことのないことも、「まずやってみる」ことが大切です。「でも○○じゃない？」「こうなったらどうしよう？」とためらっているだけでは、何も前に進まないのです。オンライン化は、まさにそうです。

GIGAスクール構想が前倒しになった背景もあり、今後はますます「オンライン化」が必須になります。本書を参考に、「まずやってみる」精神が全国の先生方に広がったらうれしいです。

庄子　寛之

子どものほうがオンラインを楽しんでいる！

　今、日本中の学校でオンライン化が少しずつ進められています。そこに参加している子どもたちの表情は明るいです。なぜ明るいのでしょう。しばらく友だちに会えていなかったから、オンラインでも会えるから、家にいながら友だちと会話できるから、今までとは違う学び方にワクワクしているから。理由はいろいろ考えられます。

　我々大人も今回のコロナウイルスがきっかけで、在宅ワークが進み、日本中のいろいろな人と出会い、学ぶきっかけが増えたという人も多いのではないでしょうか。

　つまり、ドラえもんの「どこでもドア」を半分手に入れたのです。小さい頃、夢にまで見た「どこでもドア」を手に入れたのであれば、使わない手はありません。もちろんオフラインでしか感じられないこともたくさんあると思います。私もできることなら、子どもたちと会って話したいし、グラウンドでサッカーもしたいです。

　けれども、どちらかに偏ることなく、同時並行で進めていくことで、今回のような事態に陥ったときに、困惑したり学びを止めたりすることを防げます。

　コロナが収まったから以前のようなスタイルに戻そうでは、今回苦労してみなさんが手に入れたものが無駄になってしまいます。オンライン化しておくことで、不登校の子どもも一緒に学ぶことができたり、病気で学校に行けない子どもも参加できたりするのです。

　それが実現できたときに、ダイバーシティな学校、インクルーシブな環境が整ったといえるのではないでしょうか。この本をきっかけにみなさんが一歩前進することを心より願っています。

深見　太一

もくじ『子どもがつながる！　オンライン学級あそび』

第1章　オンライン導入を進めよう！

第2章　まずはオンラインに慣れる！雰囲気・関係のつくり方

第**3**章　導入に最適！ 教師主導のオンラインあそび

第 **4** 章　子どものつながりをつくる！オンラインあそび

子ども同士をつなげる！

難しいけどさらに仲が深まる！

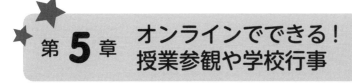

第**5**章 オンラインでできる！
授業参観や学校行事

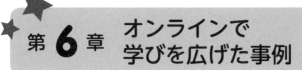

第6章 オンラインで学びを広げた事例

第7章 オンライン学級づくりのQ&A

第1章

オンライン導入を
進めよう！

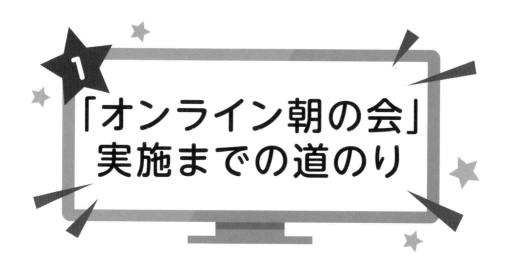

「オンライン朝の会」実施までの道のり

突然の休校で学校現場に問われたこと

突如休校になった2020年3月始め。私たちは、成績処理と指導要録、次年度計画の作成に追われていました。正直授業がなくなって、「普段授業後に行う事務仕事が、朝からできるようになって助かる」と思っていた人も多かったのではないかと思います。

違和感を感じ始めたのは、第2週くらいからでした。

「本当にこのままでよいのだろうか？」

誰も話さず、黙々と作業する教職員たち。学習が止まっている子どもたち。しかも4月から新学習指導要領が実施され、「主体的・対話的で深い学び」が行われます。今の状態で本当によいのだろうか。

そんな思いで、教職員全員で話し合いを始めました。

それから1か月。4月になっても、休校は続くことがわかり、このままではいけないと感じました。子どもたちとつながる道を探した結果、たどり着いたのが「オンライン朝の会」でした。

オンライン授業の方法をイベントで学ぶ

とはいっても、オンラインの使い方がよくわかっていなかったため、3月から、オンライン朝の会をやっている友人の学級の様子を動画で見せてもらったり、海外の学校の友だちにオンライン授業の方法を教

えてもらったりして勉強をしていました。

　しかし、やりたいと思うものの、

　「うちの市じゃできないだろう」

　「やろうといっても許可は下りないだろう」

　「何より、自分が周りの先生に説明できない」

という気持ちもありました。

　結局人のせいにして、自分ができることをやっていなかったのです。

　その後、オンライン授業について学ぶイベントを企画しながら、自分自身も学んでいました。予想以上の反響があり、5回で総計2800人もの人が参加してくれました。

　イベントを通じて、他の先生方の実践を聞き、「やってみよう」とみなさんに声をかけさせてもらいました。同時に「呼びかけた自分がやらないでどうする」という気持ちも湧いてきて、それが自分のスイッチになりました。

　次の日には12ページの提案書と、それを1枚でわかりやすく書いた要望書を持って校長室に行きました。

　会議を開いてもらい、すぐ校長先生から教育委員会に連絡していただき、後日教育委員会のみなさんにも話をさせてもらいました。

何とか「オンライン朝の会」を試験実施

　そして、まずは私のクラスを実証校として学年でオンライン朝の会を試験実施し、その次の日からは市内全部でも許可をいただきました。もちろん、苦労話もたくさんあり、未だに許可が得られていないこともたくさんあります。

　しかし、オンラインで子どもたちとつながることができて、一番感じたことは「幸せ」でした。

　まだ実施できていない自治体には、ぜひ一教員として「まずやってみよう！」と声をあげるところから始めてほしいと思います。

（庄子　寛之）

勇気を出して管理職に提案してみよう

オンライン導入の際の最初の壁は、管理職への提案です。

まずは提案の場を設定するために、管理職の都合を聞いて日時を決めます。

それと同時に資料の作成もしていきます。この時に気を付けたいのは、やりたいことをただ羅列して示さないようにすることです。

やりたいことを前面に押し出すことは大切ですが、**一方で、子どもにとって本当に価値のある取り組みなのか、保護者の負担等に配慮しているのかといった多面的な視点も大切だからです。**

学校とその教育活動をいつも俯瞰的に見守っている管理職ですから、さまざまな視点を考慮した提案こそ必要になります。

提案の際に大切にしたい7つの視点

以下の視点を大切にしながら提案文書を作成しました。

① 学びを保障するために学校として何ができるのか
② そのために必要なものは何か（物品購入の必要性や費用等）
③ 子どもと保護者と教師は何をすればよいか
④ 子どもと保護者と教師への負担はないか
⑤ それぞれにある程度の負担があったとしても、それに勝る教育

効果はあるか

⑥　負担を軽くするための工夫や配慮を考えているか

⑦　実現に向けたスケジュール

Zoomとロイロノートの導入決定！

　そして提案の結果、本校では、朝の会は「Zoom」、オンライン学習はクラウド型授業支援アプリ「ロイロノート」を活用することになりました。

　この後は時間を空けず、教職員への趣旨説明とアプリ操作のミニ講習会を実施しました。操作に手間取る職員もいましたが、全員で同じ方向を向くよい機会となりました。提案の準備、管理職への提案、職員への周知まで、この間約10日。子どもたちの学びを保障するために、スピードをもって取り組みました。

職員への趣旨説明の資料

Zoomの利用について（提案）

1　Zoomとは

　オンラインweb会議ツール。いつでも、どこでも、どんな端末からでもweb会議を実現するクラウドサービス（ただし、インターネットに接続していることが条件となる）。

2　臨時休校及び学級閉鎖時の活用のしかた

対象	内容	活用場面例	備　考
子どもとつながる	健康観察・授業	○朝の会及び健康観察はZoomで行う。 ○授業はロイロノートで行う。 ※授業配信の方法は様々なパターンがあるが、具体的な例は別紙資料を参照する。	各家庭の通信環境によっては、インターネットの通信容量に限りがある。そこで、Zoomとロイロノートを併用することを基本方針とする。
職員でつながる	校務	□職員朝会　□職員打合せ　□学年部会 □その他、3名以上で検討をしたい時	資料は画面共有機能を使って提示する。
	研究	◇チームでの検討（研究計画検討、指導案検討） ◇研究部検討	

（椎井　慎太郎）

3 「オンライン導入」を説明しよう

お便りにＩＣＴ活用の必要性をまとめる

　学びの在り方を大きく変える取り組みだけに、本来ならば、保護者説明会を実施したいところです。

　しかし、この状況下において会の設定は難しかったため、保護者へのお便りを作成しました。

　お便りは紙面が限られています。そこで、ICT 活用の必要性や今後に備えた学校の取り組み、そのためにお願いしたいことを短い内容で端的に書き切ることを心がけました。

ダウンロード手順は保護者が困らないように

　一方で、全家庭にお願いするアプリのダウンロード手順は、保護者が困らないように丁寧に示します。

　そして、問い合わせ先も明記して困り感や不安等に対応します。

　この時は Zoom のセキュリティを問題視する問い合わせが複数件届きましたが、安全性とともにインシデントに対応するための方策を丁寧に説明することで、納得をしていただきました。

令和2年○月○日

○○○○○○小学校
校長　○○○○

「ZOOM」アプリのダウンロードのお願い

　○○の候、皆様におかれましては、ますますご清栄のこととお喜び申し上げます。また、日頃より当校の教育活動にご理解とご支援をいただき、感謝申し上げます。
　さて、昨今の情勢を受け、家庭学習等におけるICTの活用が注目されるとともに、その効果や有用性が確認されているところです。そこで、当校においても、万が一の臨時休校等に備えて、オンラインミーティングアプリ「ZOOM」を活用した子どもとのやりとりや、「ロイロノート」アプリを活用した授業動画配信の準備を進めます。
　つきましては、下記の手順に沿って、お子様のタブレット端末に「ZOOM」をダウンロードしていただくよう、お願い申し上げます。なお、不明な点につきましては下記問い合わせ先までご連絡ください。保護者の皆様のご理解とご協力をお願いいたします。

記

1　ダウンロードするアプリ
　○　ZOOM Cloud　Meetings
　※　無料でダウンロードできます。

2　ダウンロードの手順
　⑴　App Storeに入り「ZOOM」と検索する。
　⑵　似たようなアイコンが表示されるが、そのうち「ZOOM Cloud Meetings」の「入手」をタップする。
　⑶　「インストール」をタップし、求められるパスワード等を入力する。
　⑷　ダウンロードが始まる（しばらく待つ）。
　⑸　ホーム画面上に「ZOOM」のアイコンが出ているか確認する。
　⑹　確認ができたら終了。
　※　ZOOMアプリを起動しても構いませんが、「サイン アップ」や「サイン イン」はしないように注意してください。

3　その他
　○　大変急で恐れ入りますが、本日中（4月14日）にダウンロードをしていただき、明日（4月15日）、タブレット端末を学校に持たせてください。
　○　授業時間を使って、臨時休校等を想定したシミュレーション（練習）をクラスごとに行います。具体的には、パスワードの入力の仕方や、担任とのやりとりの仕方、注意事項の確認をします。

（椎井　慎太郎）

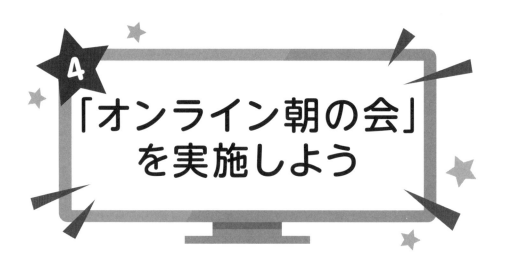

第1回教職員Zoom体験会を実施！

　いきなり子どもたちとオンラインでつながる前に、まずは一度、教職員だけでやってみることをおすすめします。

　本校では、教職員間で「Zoom 体験会」をしようということになり、各々のスマートフォンを使って Zoom でつないでみました。

　当事者になって実際につなげてみることで、おもしろさや便利さがわかり、機能を知ることができました。

　第1回教職員 Zoom 体験会には、春分の日の休みの日であったにもかかわらず、ほとんどの教職員が参加してくれました。教職員同士のお子さんが見られたり、家の様子が見れたりして盛り上がりました。その後、オンライン飲み会まで実施されていたようです。

　教職員 Zoom 体験会を始める前までは、「乗り気でない人がいたらどうしよう」「もし、反対されたら……」など、不安な気持ちもありました。しかし、いざやってみると、積極的に協力してくれる先生が出てきて無事に行うことができました。

オンライン朝の会初回はみんな手探り状態

　そしていよいよ、子どもたちとオンラインでつながる日がやってきました。管理職の先生、学年の先生のご協力のもと、オンライン朝の

会の試験的実施が叶い、週に１回程度で行っていくことになりました。

　初回のオンライン朝の会は、子どもたちはもちろんのこと、私たち教師にとっても手探りの状態でした。

　どんな反応が見られるのか、何が子どもたちにとっていいのか、どんな構成にしていくのがいいのか、などをまずは味わってみる時間になりました。

子どもや学校に合う形で改善していこう

　そして、２回目からはさっそく変化が見え始めました。

　ある先生に全体の司会進行をお願いしたのですが、構成を考えてくれたり、健康観察のときにわかりやすいようにと、かわいいイラスト付きの大きなリングノートを用意してくれたりしました。

　ほかにも、「チャットの運用の仕方をきちんと教えたほうがいいよね」という１回目の反省を受けて、スライドを作成してくださる先生も出てきました。

　それぞれの先生が持ち味を発揮し、自分たちらしいオンライン朝の会ができるようになってきました。

　また、ほかの学年や専科の先生方が、オンライン朝の会の様子を見にきてくださり、一緒に楽しんでくれました。そういった雰囲気が、オンライン導入を進める上で、実は一番の推進力だったんだなと今振り返って思います。

　オンライン朝の会も、「絶対にこの形が正しい」というものはなくて、一緒に行う教師たちや子どもたちの雰囲気、それぞれの教師ができることを出し合いながら、その学校に合う形で行っていくことが大切だと思います。

（庄子　寛之）

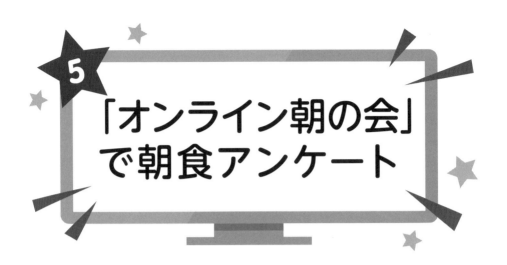

5 「オンライン朝の会」で朝食アンケート

健康観察でやったこと

本校の「オンライン朝の会」は以下の流れで行いました。

Zoom の説明→各クラス呼名→健康観察→学級あそび→体操

健康観察のときに、「起きた時刻」と「朝ご飯は何を食べた？」のアンケートを行い、子どもたちの様子を確認することから始めました。

【「起きた時刻」のアンケート】

画用紙にかわいいイラストを描き、それをめくりながら手を挙げてもらうというやり方です。

教師「今日は起きた時刻の調査をしていきますー！」

教師「６時台だった人ー⁉」（画面を確認）

教師「７時ごろだった人ー⁉」（画面を確認）

教師「さっき起きたよーって人ー⁉」（画面を確認）

という感じで確認していきました。起床時刻なら挙手がしやすく、ほぼ全員が手を挙げることができました。

【「朝ごはんは何を食べた？」のアンケート】

教師「では、次は朝ごはんの調査をしていきますー！」

教師「今日の朝ごはんはパンだった人ー⁉」（画面を確認）

と一つずつ確認し、家での様子を教えてもらいました。ささいなことを知り合うことで「つながり」が生まれます！

オンライン朝の会の流れ

＜オンライン朝の会　流れ　30分＞

＜開始前＞

＊会の前に入ってきた人には、「○○さん　おはよう！元気だった？」と声をかける。

＊「ミュートにしてね」「名前変えられる人は変えてね」「ビデオオンにしてね」

＊終わった人をすかさずほめる

＊「できた人は、チャットにコメント入れてみよう」

＊今日行う時間は30分であることを伝える。

1　あいさつ
○全員の名前を呼んで、子どもたちの声を聞きましょう。
2　オンラインのやくそく
○オーバーリアクション　「オンラインだと、みんなが何を考えているか分かりづらいので」
○イヤホン推奨　　　　　「生活の音が気になるから」
○紙とペン　　　　　　　「次回から使うから用意してね」
×食べたり飲んだり
×パジャマ　　　　　　　「ちゃんと着替えようね」
×携帯などで録画
3　使い方
・名前の変更の仕方　・ミュートの仕方　・チャットの仕方
4　最近やったこと
チャット　or　紙に書いてもらう
5　課題について
課題についての質問をチャット　or　紙に書いてもらう　直接声に出してもらうのもよし。
6　先生から（3人とも）
最近やったこと　一言

サブの先生の流れ

・出欠確認　　・背景や服、表情等で気になることを気軽にメモ（要配慮児童は特に）

・チャットのチェック

＊見学の方でzoomに入られる方は、ビデオなし、ミュートで「担任@○台目」で入って
ください。

→他の人がいると思うと、緊張度があがるため

＊職員室からは行わず、各教室で行い、wifiは1台までにしましょう。

2台までいけるようですが、ホストの電波が悪いのはよくありません。

（庄子　寛之）

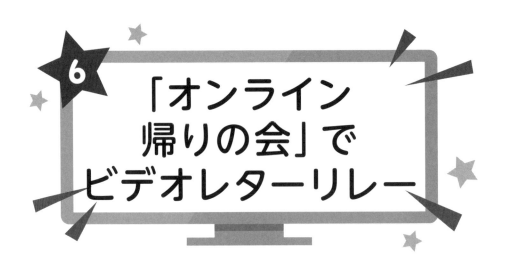

「オンライン帰りの会」でビデオレターリレー

会えない友だちにビデオレターを送り合う

　学校再開時、グループごとに登校するため、クラスとしての一体感が薄れてしまうのではないかというおそれがありました。

　そこで考えたのが、「直接学校で会えない友だちにビデオレターを送り合えばよいのでは？」というアイデアです。

　オンラインだけで完結させるわけではないので、ネット環境がなくても OK・端末を使い回して消毒することもない・学校にあるものだけで子ども同士のつながりをつくることができます！

簡単なQ＆Aの例があると、初めてでも話しやすい

　このアイデアを5月22日に思いつき、すぐ学年の先生間で共有しました。

　「初回は名前と好きなものを言うのはどうかな？」と意見をもらい、週案に内容を記入しました。

　慣れてきたら子どもたちに内容を任せてもよいですが、学級づくりのスタートも兼ねているので、内容については教師から提案すると子どもは話しやすいです。たとえば、「好きな食べ物は？」に対して子どもが答えるスタイルです。

　帰りの会や朝の会、休み時間の様子を30秒程度撮影して、見せる

だけでも充分です。

　大事なのは、子ども同士のつながりをつくるプラットフォームづくりだと考えています。

具体的な手順

　準備するもの：タブレットなど動画撮影ができるもの1台

①目的を確認する。

教　師：何のためにビデオを撮るの？

子ども：楽しさを伝えるため。今日のことを（明日のグループの友だちに）教えるため。

②クラス全体を撮影する。

教　師：（子どもを椅子に座らせて、全体を撮影します）

子ども：（イェーイ！などと好きに表現する）

③個別に撮影する（なくてもよい）。

→黒板に例を書いておくと忘れずにすみます。

教　師：（事前に）名前・好きな○○を教えてね。

子ども：私の名前は○○です。好きな食べ物は魚です。

④撮影したものを確認する。

→テレビなどに接続し、一斉に見ることができると便利です。

教　師：（見ながら）このポーズおもしろいね！　よく伝わる言い方だね！

子ども：（自分の表現を振り返る）

（ここから次のグループ）

⑤前のグループが撮影したものを「帰りの会」で見せる。

教　師：昨日のグループからビデオレターが届いたよ

　子ども：えー、見たい！

　教　師：○時間目まで待っててね。（ひっぱることで期待感を高める）

⑥お返しのビデオレターの内容を考える（目的の確認）。

　教　師：どんなことを明日のグループの友だちに伝えたい？

　子ども：名前とか好きな食べ物とか……。

　子ども：ジェスチャーしたらいいんじゃない？

　教　師：今日やったジェスチャーゲームをクイズにするってこと？

　子ども：そうそう！

⑦撮影して、確認（あとはこの流れを毎日繰り返す）。

子どもの様子を見ながら進めよう

　本学級では、登校時の帰りの会に位置づけ、1日の最後に30分間でこの内容を実践しています。

　個別にメッセージを撮影することに関しては、やりたい子どもとそうでない子どもがいます。この活動でストレスになってしまう事態は絶対避けるべきなので、全体の様子を30秒程度撮影して見せ合うことをおすすめします。

　まずやってみて、いまいちなら別の方法を考えるなど、子どもたちから出てきたアイデアを取り上げて展開するのがよいと考えます。

　あくまで、オフラインの学校に登校したときに何ができるかを念頭に、子どもたちが関わり合うきっかけになってくれたらいいな、と考えています。

基本はいつもの帰りの会で！

　たとえこうしたビデオレターができなくても、もちろんいつもの帰りの会のプログラムをオンラインで行ってもいいと思います。

1日の中でキラッと光る友だちの行動を紹介したり、楽しかった今日の思い出を話したりするなど、明日の登校に希望が持てるようにすることが大事です。たとえば、タブレットなどで短く撮りためておいても、それは素敵な作品になります。

　もちろん、明日の予定の確認や、担任からの話で子どもたちの行動への価値づけをすることも大事です。オンラインでもオフラインでも帰りの会で大事にしたいポイントは、基本的には同じなのではないでしょうか。

「オンライン帰りの会」でできること

　ビデオレターでは難しい場合、以下のようなコンテンツはいかがでしょうか。画面オフで楽しめることも考えました。

● 今日楽しかったことを3択で教師が聞きます。手を挙げて反応します。

　「楽しかったことは何だったかな？」と子ども数人に聞き（教師から出してもよい）、その中で3択を決めて、挙手で反応してもらいます。実際には友だちとあそべたことや家でのんびりできたことなどがあがりました。

● 画面オフで「この声は誰でしょう？」

　短めの単語を一つ決めておき、事前に画面オフで話してもらいます。帰りの会のときに、聞いている子どもたちがその声の主を当てます。

● 「明日の天気は何でしょう？」など「明日の〇〇クイズ」

　全員が簡単に参加できるクイズで、明日への楽しみをつくります。

● ゲストを呼べるなら呼んでみます。

　たとえば他クラスやペア学年でZoomをつないで、みんなでさようならをします。いつものクラスだけではない一体感を感じることができます。

（植野　鐘太）

コラム
オンライン学習で使えるロイロノート

　ロイロノート・スクール（以下：ロイロノート）は、パソコン等が苦手な先生にも簡単に使える授業支援アプリです。iOS、Windows、Android、Chromeなどのマルチプラットフォームに対応していて、タブレット端末のほか、スマートフォンやパソコンでも利用ができます。さらに、LTE や Wi-Fi などでインターネットに接続できればすぐに使えます。

　ロイロノートの良さはたくさんありますが、その中の一つに「考えをみんなで共有できること」が挙げられます。たとえば、社会科の学習であれば、調査活動でわかったことをテキストカードにまとめた後、クラウド上の提出箱に入れます。提出を確認した後、教師が「回答共有」のボタンを押すだけで、子どもは友だちの調査結果を瞬時に見ることができます。

　このように、すべての子どもの考えや解答などが即座に集まり、それをクラス全員で共有することが可能となります。

　これらのさまざまな機能は、オンライン学習でも有効に活用できます。

---

① 　教師はロイロノートの機能「送る」を使って、教師端末から子どもの端末に、テキストや動画による課題を配信する。
② 　子どもはそれを確認して、その日の学習課題を確認する。そして、わかったことをテキストカードに打ち込んだり、ノートに書いたりして自力解決する。
③ 　子どもは「提出」機能を使って、取り組んだ成果物を自分の端末から教師の端末に提出する（写真、動画、テキスト等）。
④ 　子どもの成果物にコメントを加えたものを、「返却」機能を使って、教師の端末から子どもの端末に返却する。

　このようにロイロノートの機能を活用することで、休校や分散登校時でも学びを止めることなく、学習を成立させることができます。

　「ロイロノートで送られてきた先生の授業動画がわかりやすくておもしろかったし、送ったテキストに評価を付けてくれて、学校のような感じがしてうれしかったです」（子どもの声）

　"学校のような感じ" を実現できる、そんな便利なツールがロイロノート・スクールです。

参考：ロイロノート・スクールＨＰ (https://n.loilo.tv/ja/)

（椎井　慎太郎）

第 **2** 章

まずは
オンラインに慣れる!
雰囲気・関係の
つくり方

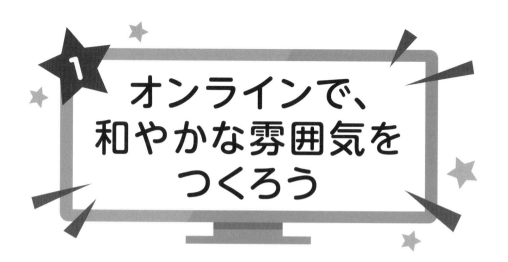

オンラインで、和やかな雰囲気をつくろう

自分の顔をちゃんと見よう（表情編）

オンラインの始まりのとき、ドキドキしませんか？

子どもたちもきっと、同じような気持ちでいるでしょう。それは、子どもたちを周りで支えて、オンラインのサポートをしている保護者の方も同じかもしれません。初めてのことをしているときは、緊張と期待が半々のような状態になっています。

まずは、「安心できる場所」なんだと思ってもらいましょう！

Zoom を使うと、参加者である子どもたちの顔をよく見ることができますが、実は、自分の顔もよく見ることができます。

「話しているとき、自分はどんな表情で話しているのかな？」「子どもたちが発言しているとき、自分はどんな表情で聞いているのかな？」と普段は知ることができない自分の表情を、客観的に映してくれる道具でもあります。

子どもたちに、優しく話しかけながらも、柔和でにこやかな表情ができているのかどうかを確認し、改善しておくことは、オンラインでない場面でも、とても大切なことだと思いました。

どんな表情の先生が前に立っていたら、自分は安心しますか？　自問自答しながら、自分の表情をよく見るといいと思います。

どんな声になっているかな？（声編）

　次に大事になってくるのは、声です。声は、自分で聞こえている声と、相手に聞こえている声が違います。

　私が初めて自分の声を聞いたときには自分の声と認識できませんでした。Zoom を使っていると、自分がどんなトーンで話をしているのかも確認することが簡単です。

　Zoom には、録画をする機能があり、簡単に撮影、確認ができます。授業の振り返りもできるのですが、私は、これで意識していないときの声に気付くことができました。操作をしているときなど、いつもとは声のトーンが落ちていたのです。

動きはどうかな？（動き編）

　カメラの位置にもよりますが、意外と手元を映すことは、意識をしないとできません。

　子どもたちが入ってきたとき、ステキな笑顔と安心できる声。さらに付け足したいのは、動きです。「いらっしゃーい！」「こんにちはー！」と、手をパーにして、顔の近くで振りましょう。明るい感じが伝わってきませんか？

　私は、低学年だったので、さらにパペットと一緒に画面に映ることもしました。ただのぬいぐるみでもいいと思います。子どもたちにも人気のキャラクターだと親近感が湧いて、さらに楽しい雰囲気をつくり出すことができるかもしれません。そのキャラクターから、自然に話が始まっていきます。

　話しているうちに、いつの間にか、オンラインが気にならなくなっているかもしれません。常に「聴いているよ」という頷きも意識するとさらに温かい雰囲気になると思います。

オンラインでも学級と同じに

　何か問題が起きたときやトラブル、失敗があったときの対応は、オンラインでも学級と同じでよいと思います。

　トラブルや失敗は、逆にチャンス。そこから、何を学ぶことができるのか、大切にしたいことはなんだろうかを考え、子どもたちと一緒に解決しましょう。

やっぱり、言葉を交わすことが基本

　登校したら、あいさつをします。オンラインでも同じです。オンラインに入ってきたら、大人も子どもも「おはようございます」とあいさつをします。

　ミュートが基本だと、友だち同士でのあいさつがしにくくなります。誰かのあいさつに対して、「反応をする」のボタンでリアクションをしたり、手を振ったりすることをすすめていきましょう。

　教室と違って、誰もが前を向いている状況だからこそ、反応しているのかがよくわかるので、気持ちのよい空間になると思います。

　また、オンラインに入るときの体調をポーズで示すのも楽しいです。

　子どもたちと一緒に、元気のときはオッケーポーズ、いいことがあったときには両手でグッドサイン、嫌なことがあったらバッテンポーズなどを決めておくと、そのサインを元にして、朝の対話のきっかけをつくれると思います。

禁止せずに、楽しい企画に変える

　Zoom をしていると、どのクラスでも同じような問題が出てきます。それは、「共有画面での落書き問題」と、「チャットが荒れる問題」です。

　それらに対して、どう対処していくのかを事前に、教員間で共有することをおすすめします。学校として、もしくは教師として何を大切

にしたいのかということにもつながっているからです。

　それぞれの問題は、Zoom の設定でできなくすることは可能です。でも、私は、そうはしたくありませんでした。

　子どもたちは（人は）、できることはやってみたいものです。できるようになることは、うれしいものだからです。そんな子どもたちの気持ちに寄り添ってみると、設定で禁止するだけではなく、違う対応がとれると思いました。

　たとえば、「お絵かき機能を使って、どんな楽しいことができそうかな？」とか「チャット機能を使って、楽しいことができないかな？」と、楽しむためのツールに変えてしまうのはどうでしょうか。

　そうすると、共有画面での落書き問題から、「お絵かきタイムがほしい」「お絵かきコンテストをしよう」「お絵かきしりとりをしよう」「何を描いているか当てようゲームをしよう」という、アイデアが出てくることもあるでしょう。

　チャットが荒れる問題は、「チャットでしりとり」「みんなでいいところを伝えようの会」「早押しクイズならぬ早答えクイズ大会」「何でも好きなことを書く会」など、アイデアが集まるかもしれません。

　こうやって、問題を解決していく過程がとても大切です。クラス全体で、「みんなが居心地のいい空間をつくる」という目的意識を持つことで、問題をチャンスにして、よい雰囲気がつくれると思います。

（沼尻　淳）

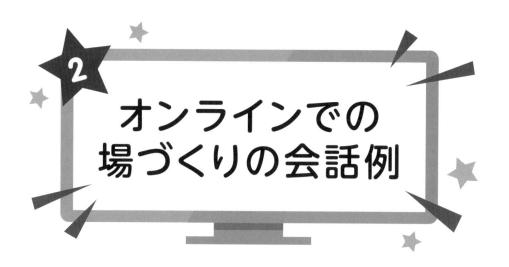

授業開始前、活動開始前からZoomを開始

　授業開始、活動開始の 10 ～ 20 分前から Zoom を開き、入ってきた子どもたちと雑談を始めます。

　そこに、少しずつ子どもたちが関わり、徐々に大人数でしゃべっていくイメージです。

　慣れてきて子ども同士で活動前に雑談するようになったら、先生は見守っていたほうがいいでしょう。

自分の意見を発信してよいという場づくり

　学校での活動は慣れているものの、オンラインでの活動にはまだまだ慣れていない子どもがほとんどです（そして教師も）。

　そこで大切になるのが「場づくり」です。「わたしも意見を言っていいんだ」「しゃべっても大丈夫なんだ」という雰囲気をつくります。

　そのために、まずは入ってきた子どもの名前を呼んで必ずあいさつをします。子どもにもあいさつの仕方を教えておくことも大切です。

　さらに、時間の許す限り、雑談をして雰囲気を和らげておくことも大切です。「最近、○○はどうなの？」「○○さんはどう？」など、授業とあまり関係のない話を事前にしておいて、緊張感をほぐすとともに、意見を言っていいという場づくりに努めましょう。

具体的な手順

①授業開始の10〜20分前からZoomを開く。

②入ってきた子どもに声をかけながら雑談する。

　教　師：おはよう！　○○さん！　元気にしてた？

　子ども：おはようございます。元気ですよ〜。

　教　師：昨日の休みは何をしてたの〜？

　子ども：昨日は妹とテニスをしていました。

〜別の子どもがZoomに入室〜

　教　師：お、○○さんが来てくれた！　おはよう！　昨日はよく眠
　　　れた？

　子ども：おはようございます。昨日は夜ふかししちゃいました
　　　……。

　教　師：そうなんだ……何をしていたの〜？

授業後もZoomを開放しておくことを伝える

　Zoomでのオンライン授業では、「退室」したあとは誰が残っているかはわかりません。そこで、退室後もすこしZoomを開いておくことを告げて、教師に相談したい、質問したい子どもは最後まで残っておくように指導するのも有効でしょう。

　何をしゃべっているか知られたくないような相談もあるでしょうし、友だちに教師に質問していること自体を知られたくない子どももいるかもしれません。

　または、チャット機能を活用し、授業後の面談を「予約」することもできます。

　もし時間に余裕があれば、こういった手立ても有効でしょう。

（江澤　隆輔）

子どもとルールを確認する

オンラインを使っていく上で気をつけなければいけないルールを最初に共有しておきます。

① 人を傷つけない

② 人が不快になることをしない

③ 相手を思いやる

教室の中でも基本的には同じですが、オンラインを最初に使うときに共通理解を図るようにするといいと思います。使っていく中で、細かいルールやマナーも共有していくようにします。

① 人が話しているときには待つ

② 相槌をできれば打つ

③ チャットも一緒に使う

どんなルールがあるとみんなが楽しく使えるのか、気持ちよく過ごせるのかという観点で子どもと話し合っておくことも大切です。

低学年の場合は、教師が噛み砕いてルールを提示する。高学年の場合は最初から、みんなで話し合っていくといった運用方法も必要です。

服装などを指定しない

　顔が見えない相手に話す。教師であれば平気かもしれませんが、子どもにとってはハードルが高いのです。そのため、できるだけ顔が見える状態にしてもらいます。

　けれども顔を見せたくない子どもには、その自由も保障します。同じ理由で、相槌を打ったり頷いたりすることもできるだけ協力してもらうと、話す子どもが安心できます。

　それ以外にも、拍手や手を挙げるアイコンでの意思表示をしたり、チャットで書いたりすることも教えます。タイピングができない子どもにはノートとペンを準備してもらいます。

　手っ取り早く言いたいことが言える手段を準備しておくことで、参加するハードルを下げます。

　服装についてもとくに指定はしません。こちらはそれなりの格好をしますが（おうちの人も見ているので）、子どもにはとくに求めません。好きなアイテム（ぬいぐるみ・ペット・兄弟など）を周りに置いてもらうと安心感が高まります。

最初は保護者にもそばにいてもらう

　最初の１時間は、保護者にそばにいてもらい、急なトラブルが起こったときに対応してもらいます。教師ができるだけサポートしますが、パソコンのトラブルにはやはり保護者に対応してもらうことが必要になります。

　また、マニュアルを準備しておくことは、トラブルを回避することにつながります。最初のうちは教師のほかに、トラブルに対応できる教員がスタンバイしておくことで、慣れていない先生も一歩を踏み出しやすくなると思います。いきなり対子どもで実践するよりも、まずは職員内で、できれば職員室と教室をつないで、オンラインで雑談をしておくとやりやすくなるでしょう。　　　　　　　（深見　太一）

日頃の学級経営を大切に

　オンライン授業は保護者の協力が不可欠です。アプリの登録や、IDとパスワードの打ち込みが必要になるからです。

　デバイスの基本設定も大事です。有害なものが見れない設定にすることや、課金などができない状態にすること、長時間見れない設定にすることなども保護者にしてもらうといいでしょう。

　どんなルールにするにしても、家族で話し合ってもらうことが何よりも必要です。

　デジタル機器には、触らせたくないという家庭もあります。そういう家庭には「デジタル機器は、これからは遊びではなく学びとして使っていくもの」だということを、明確に示していくことが必要です。

　そもそも大切なことは、常日頃の学級経営です。

　保護者にも協力してもらうには、常日頃からの学級経営が大切になります。

○提出物へのコメントはしていますか？
○学級通信などで学校の様子を発信していますか？
○電話等でお子さんのいいところなどを伝えていますか？
○まずはわかりやすい授業をしていますか？
○子どもたちの人間関係などに気を配っていますか？

　さて、オンラインでの接続ですが、うちのクラスの子どもたちは、数回のテストで全員が自分で入れるようになりました。よく考えてみれば、

---

①　アプリを起動する
②　IDとパスワードを打ち込む

だけです。私は現在6年生の担任ですが、6年生でなくても、わかりやすい資料を用意し、登校したときに全員で確認さえすればできるでしょう。

（庄子　寛之）

第 3 章

導入に最適！
教師主導の
オンラインあそび

オンラインあそびの特徴とは？

　通常の学級あそびと基本は同じですが、オンラインでしかできないゲームや良さもあります。

　　オンラインでのあそびの具体的な特徴は、

①ネットの時間差を楽しめる

　「あとだしジャンケン」「反応拍手」などオンラインならではのタイムラ

グをあえて活かして楽しむ。

②モニターをフル活用できる（すべて映らないからこその良さもある）

　「もぐらたたき」「ジェスチャーゲーム」など画面の外と中を子どもが使える。

③自宅だからできる（学校に持ってこられない宝物を使える）

　色を集めようなどでは、普段は学校に持ってくることのできないものを利用する。

④共有ボードを使ったあそびができる

　「みんなでお絵かき」「こたえのない絵かき歌」など、教室だと黒板でしかできないことを画面上で行う。

オンラインあそびはアイスブレイクになる

オンライン授業の難しいところは傍観者になってしまう子どもがいるところです。引っ込み思案の子どもにとって、パソコンに向かって話をするというのは勇気がいるからです。しかし、あそびを用いることで、参加しやすい雰囲気がつくれます。

これは教室でも同じですが、授業では手を挙げて発言しない子どもでもゲームなら参加できるということはよくあることです。

たとえば、ジャンケンはどの子どもも参加しやすく、ルールもわかりやすい。それをオンライン上で用いることで、パソコンに話しかけるハードルを超える手立てとするのです。

いざやってみよう！

始める前は教師も子どもも緊張します。いきなり子どもとやって失敗したらどうしようと不安に思う方は、まずは仲のよい先生たちと一緒に研修という名のもとに取り入れてみてはいかがでしょうか。忙しくてギスギスしているときだからこそ教師間でゲームをやることで、職員室の雰囲気も一気によくなります。その体験を子どもたちと再現するだけです。

子どもたちはゲームが大好きです。あそびの中で学ぶことは非常に多いです。

ゲームには、子どもの心をほぐす、楽しませる、笑顔にさせるなどいろいろな効果があります。ゲームの引き出しをたくさん持っていると、あの先生は楽しい先生だと感じてもらえます。

ぜひマイゲームをたくさん持って、笑顔のあふれる学級にしていきましょう。そのためにもこの一冊を手にとったあなたはラッキーです。オンラインあそびのパイオニアとして同じ学校の先生たちや仲間たちにどんどん紹介していきましょう。

（深見　太一）

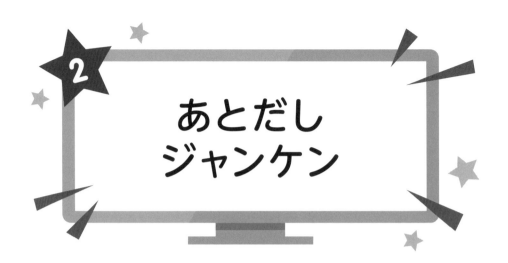

ネットのタイムラグを最大限楽しむ！

　ネットを活用して子どもたちとやりとりをしていると、ネットだからこその微妙な遅れが生じることがあります。そんな時間差を最大限活用したのが、「あとだしジャンケン」です。先生が出したじゃんけんに対し、ワンテンポ遅れて子どもが出します。

　これはまだ子どもがネットに慣れていないときに5分程度で行うことができる簡単なものです。小学校低学年でもすぐにでき、クラスの連帯感を感じ、子ども同士の関係をつくるにもうってつけです。

大きな声を出しながら、テンポよく

　参加する子どもたち全員のよい動きを目指すには、雰囲気づくりがポイントです。大きな声を出して、リズムを崩さないようにしてテンポよく進めていきましょう。

　「ポン！」のタイミングは、最初はゆっくり、徐々に速くなるように5〜10回程度繰り返します。慣れてきたら、テンポを上げて難易度を徐々に上げていきましょう。

　子どものあとだしの条件を「①あいこ②勝つ③負ける」の順に決めて、進行していくとスモールステップで取り組みやすくなります。

具体的な手順

①ルールを説明する。

教　師：今から「あとだしジャンケン」をやってみます。先生が「ジャンケン・ポン！」とかけ声をかけたら、「ポン！」と言って顔の横にジャンケンを出します。「ジャンケン・ポン・ポン！」と聞こえるようにしましょう。みんな、わかったかな？

②画面に全員が映っていることを確認する。

③教師が合図を出す。

教　師：みんな、準備はいいかな？

子ども：はーい！

教　師：最初はグー、ジャンケン・ポン！

④勝った人は続けて行い、負けた人はカメラを一旦ミュートする。

⑤これを繰り返して、最後の1人になるまで行う。

⑥チャンピオンを発表する。

教　師：今日のチャンピオンは○○さんでした！　みんなで拍手〜。

あとだしなのに負けることもあるのがおもしろい！

（伊藤　丈泰）

人数制限なしで楽しめる

　このゲームは教師の合図に合わせて、子どもが拍手をするゲームです。

　教師の合図（手を重ねる）に対して、子どもたちが間違って反応するところに楽しさがあります。

　教師の合図をリズミカルにしていくことで、全体にリズム感が出て子どもたちものっていくのが特徴です。人数が何人いても楽しめるのもよいところです。

適度なフェイントでミスを誘う

　見えやすい位置と動作を意識して、教師は横向きで行うといいです。子どもたちをひっかけるためのフェイントがポイントです。

　ダイナミックにしたり、交差したりすることで、自然とミスが生まれ、子どもたちの笑顔があふれます。教師が手と発声を両方同時に行うことで難易度がグンと上がります。

　最後の締めは、三三七拍子と拍手で終わるとよい雰囲気づくりができます。

具体的な手順

①ルールを説明する。

教　師：今から反応拍手をやってみます。先生が皆さんに見えるように、片手を上から下へ、もう一方の手を下から上に動かします。先生の両手が重なったタイミングで拍手をしてください。みんなわかったかな？

子ども：はーい！

②画面に全員が映っていることを確認する。

③教師が合図を出す。

教　師：みんな準備はいいかな？いきますよ。

子ども：パンっ！（手を叩く音）

教　師：おーっ！みんなの拍手の音が重なってよく聞こえます！

教　師：じゃあ、どんどんいきましょう！せーの！

子ども：パンパンっ！（みんなで手を叩く音）

教　師：いいね！それ！（1・2回目は叩き、3回は寸止めする）

子ども：パンパン…パンっ！　あー！間違えちゃったー！

④①〜③を適宜繰り返す。

拍手の音で画面ににぎやかな雰囲気がつくれる！

（伊藤　丈泰）

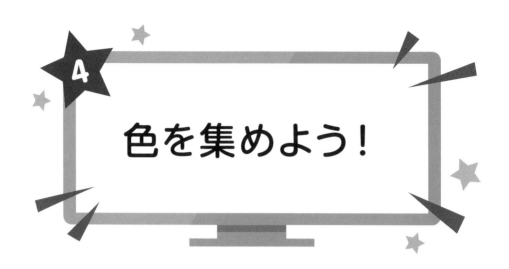

色を集めよう！

家にあるものを活かして身体を動かす

　教師が示した色のものを家で探すあそびです。オンラインに慣れない初期から、低学年から高学年まで、簡単に行うことができます。身体の動きが伴うあそびは、子どもの心をほぐすのにもってこいです。

　オンラインでは、教室での授業のように全員に同じものを揃えようとすることは難しいですが、それぞれの子どもの家にあるものを活かそうとするとさまざまな楽しい活動を考えていくことができると思います。学校とは異なる子どもの新たな一面も発見できます。

難易度を変え、とにかく声をかけ続ける

　初期に行うなら、不安を感じず全員ができるように時間制限なしでゆっくりと行うのがおすすめです。

　子どもが慣れてきたら、時間制限や個数、色を複数にするなど難易度を上げたり、ブレイクアウトルームで班ごとに色を決めて集めたりするのも楽しいです。制限時間をつけた場合は「せーの」で一斉に持ってきたものを見せ合うほうが盛り上がります。

　また、待っている時間は子どもたちに声をかけ続けます。教師も楽しみながら、いっぱい話しかけましょう。

具体的な手順

①ルールを説明する。

　教　師：部屋をぐるっと見てみて。いろいろな色があるよね。
　　今からある色のものを画面の前に持ってこよう。

②教師が合図を出す。

　教　師：準備はいいかな？　OKの人はいいねマークしてね！

　子ども：（いいねマークやポーズ）

　教　師：持ってきてもらう色は…、赤でーす！！

　（慣れてきたら、子どもが出題者になる）

③持ってきた人から画面に見せる。

④全員が揃うのを待っている間、子どもたちが持ってきたものについて教師が声をかけていく。「○○とかおもしろいね」「○○さん、それ何持ってきたの？教えて」「赤鉛筆もそうだね！」

⑤全員揃ったら、改めて全員でその色のものを画面に見せる。

⑥インタビュー形式などで、感想を伝え合う。

子どもが家にあるものを持ってきて自己表現できる！

（山手　俊明）

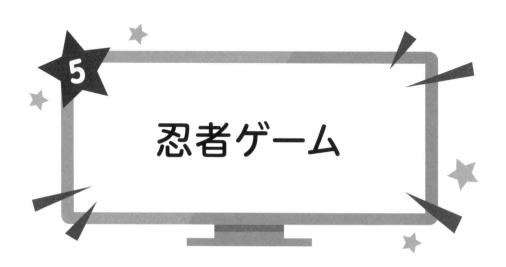

カメラの映り方も意識して！！

　忍者になって教師からの攻撃をかわすあそびです。オンラインで学習していると、座ってばかりになります。そんなときには体を動かして、リフレッシュすると集中力が戻りますね。

　この忍者ゲームでは、オンラインにも少しずつ慣れてきて、カメラがどう映しているのか、意識することもできます。

　このゲームのポイントは、全力で体を動かすことです。

　ただし、全力で動きすぎて、体をぶつけたり転んだりしないように周囲の安全を確保するようにしてください。

具体的な手順

①ルールを説明する。

　教　師：これから「ぬまちゃん忍者ゲーム」（この名称はご自由に変えてください！）をします。先生が攻撃するので、上手によけてくださいね！　攻撃方法は、3種類です。一つ目は、『頭手裏剣』頭に手裏剣が飛んでくるので、しゃがんでよけましょう。画面から消えないと、当たっちゃってアウトです。二つ目は、『足手裏剣』。ジャンプしてよけます。ジャンプしないとアウトです。三つ目は『雷』。「か〜み〜な〜り〜。ピカピカピカ！」というので、

ビカビカって言われる前に、画面をオフにしてください。

②リズムをとりながら始める。

　　教　師：ぬまちゃん忍者。

　　子ども：チャン、チャン、チャン（リズムで手拍子）

　　教　師：頭手裏剣！！

　　子ども：ささっ！（画面から隠れる）

　　教　師：○○さん、アウト！（アウトでも、続けてよい）

③攻撃を変えながら、これを繰り返す。

④最後に確認をする。

　　教　師：全部、よけられた人？？　１回、当たっちゃった人？？

　　子ども：はい！　よけられた！

　　子ども：もう１回やりたい！

⑤慣れてきたら、アレンジを増やす。(子どもからアイデア募集もあり)

　・おなか手裏剣→画面横によける

　・○○斬り！　　→真剣白刃取り

　・カメハメハ　→「ハー！」と言いながら、手でカメラを隠す　等

画面での映り方を意識して楽しめる！

（沼尻　淳）

算数の導入で体幹も鍛える

　自分の足を使って数字を空書きします。小学1年生で数字の書き順を正しく覚えていない子どもには、正しい運筆について身体を使いながら楽しく学ぶこともできます。

　学校では階段を登るときなど、当たり前のように身体を動かしています。階段でグイッと身体を持ち上げる足の「筋力」、最上階まで登る「持久力」、踏み外さないように身体の筋肉を動かす「バランス力」と自然に身体能力を鍛えています。

　パソコンの前でも身体を動かしてできる簡単なゲームで、コーディネーショントレーニング（運動経験をたくさんすることで脳を活性化させ、身体の動きをスムーズにするもの）の要素も含んでいるのが特徴です。

子どもの姿勢や健康状態も意識する

　子どもたちが上手にできるようになったら、目を閉じて行わせると負荷がかかります。教師が用意するものは、紙とペンです。

　1〜9まで書かれた紙を教師がカメラで見せると、聴覚だけでなく視覚にも訴えることができ、子どもたちへの指示がわかりやすくなります。

具体的な手順

①ルールを説明する。

　教　師：これはみんなが片足立ちで、バランスを崩さずに足を大きく動かしながら、先生が言った１〜９までの数字を、上げた足で空中に数字を書くというルールです。上げている足は地面につけないようにしましょう。みんな、わかったかな？

②画面に全員映っていることを確認する。

③教師が合図を出す。

　教　師：みんな、準備はいいかな？

　子ども：はーい！

　教　師：いきますよ、……３！

　子ども：おっとっと！　書けたー！

　教　師：いいですね！　次は……８！

　子ども：難しいなぁ。

　教　師：小さい８じゃなくて、大きな８を書きましょう。

④これを繰り返し、１〜９までの数字すべてを行う。

⑤片足で９つの数字ができたら、逆の足で①〜④を行う。

身体を使って学習できる！

（伊藤　丈泰）

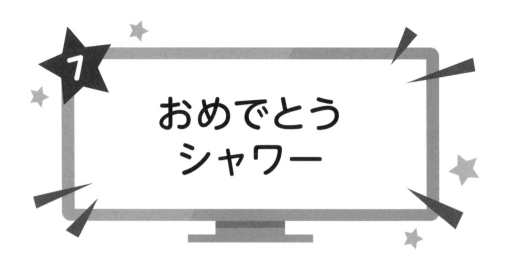

互いに認め合い、自己肯定感を高める活動

　「おめでとうシャワー」とは、Zoom で子ども同士が互いを認め合い、自己肯定感を育む活動です。具体的には、誕生日や活躍があった子どもを呼名し、全員からおめでとうの賞賛の声を届ける、というものです。

　オンラインだからこそ、一人ひとりの声がはっきりと届くので、子どもとの関係性を良好にするのにも、手軽で簡単なあそびです。

多くの子どもにスポットライトをあてる

　使用するツールは Zoom のみです。そのほか、教師のほうで誕生日ケーキのパネルシアターや、漢字きれいに書けたで賞、工夫して学習できたで賞などを用意します。

　誕生日ケーキパネルは、事前に全員の誕生日を教室へ貼り出しておき、それをオンライン上で映すことで、「今月の誕生日は誰かな？」とワクワクする工夫をします。

　「漢字きれいに書けたで賞」は、宿題の漢字を 6 段階評価します。最高レベルは神様という名前です。神様をとることができたら、GODCARD という神様だけがもらえる金色のカードがもらえるなど、やる気を高める仕掛けもつくります。

「工夫して学習できたで賞」は、宿題の漢字や算数において、熟語の意味を調べる、算数の解説を書くなど、プラスアルファの工夫をした人に渡す賞です。

　いずれもオンライン上で該当者の発表を行い、受賞したポイント等を紹介します。ポイントを理解した子どもは、その日の宿題から真似を始め、内容がより充実したものとなります。

具体的な手順

①誕生日の子どもに確認する。

　　Zoom 上で誕生日の子どもに、「好きな BGM は？」などの質問を個別にチャットし、確認する。

②朝の会の最後に「今日の誕生日は……」とスポットライト機能でサプライズ発表と同時に BGM をかける。このとき、ミュートは全員解除し、拍手やおめでとうの声を届ける。

＊その他の賞も同様で、授業中に受賞者を発表し、画面共有を利用して、受賞のポイントを説明します。

オンラインだからこそ、一人ひとりの声がはっきり届く！

（吉金　佳能・佐藤　至大）

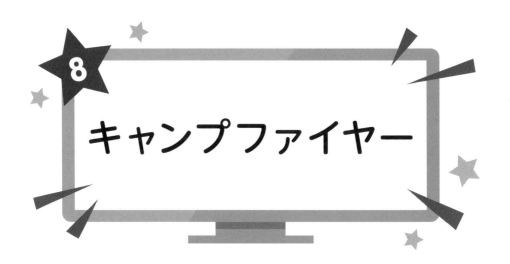

宿泊行事の代わりでも予行練習でも

「キャンプファイヤーなんて、オンラインでできるの？」と言われ
そうですが、できるんです。

これだけで本当に焚き火を囲んで話している気になります。私は音
楽をかけて歌ったり、踊ったりもしてみました。

照明と間が大事

大事なことの一つに「照明」があります。いくら画面共有して焚き
火が見えても、家の中が明るければ、ムードは壊れます。暗い部屋で
焚き火を見ているだけで、まるで森の中へタイムスリップしたような
感覚になることができます。

そして、参加者全員が電気を消しておくことです。画面共有では、
端に他の参加者の顔を見ることができます。その参加者の人の明かり
がまぶしくては、キャンプファイヤーをしている気にはなりません。
全員が森の中に瞬間移動して、みんなでキャンプファイヤーをしなく
てはならないのです。

照明ができたら、とにかくしゃべらず焚き火を見ましょう。この間
が大事で、全員で焚き火を囲んでいる気分にしてくれます。5分見つ
めてから、小さな声で話しかけられると雰囲気が出てきます。

今回はキャンプファイヤーでしたが、これを応用して、海に行くことも、山に行くこともできます。

　YouTube で「海　夕日」で検索してみてください。すてきな夕日の見える海辺で、海の音を聞くことができます。

　「日の出」と調べると、太陽が上がってくるところをゆっくりと眺めることができます。私はそこでヨガをしたり、瞑想をしたりしています。そんな自分時間もすてきですし、子どもたちと一緒になってやることも、とても貴重な経験になります。

具体的な手順

①教師が焚き火の画面を用意する。
②子どもに部屋を暗くするように伝える。
③まず何も話さず見つめる。
④数分たってから、教師がゆっくりとした口調で話し始める。

キャンプファイヤーで温かい雰囲気をつくれる！

（庄子　寛之）

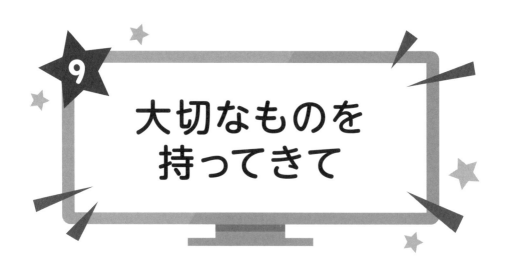

わたしのお気に入りを紹介します！

　学校には持っていけないけれど、オンラインでなら見せられる。そんな子どもたちの「大切な〇〇」を紹介し合うあそびです。

　プレゼントでもらったもの、大好きなペット、とっておきの宝物など、自分の大切なもので、公開してもいいものであればなんでもOKです。

　前日にこのあそびの内容を伝えておけば、子どもはゆとりをもって準備ができます。

　お互いの「大切な〇〇」を見せ合いながら、子どもは好みが同じだったり、趣味が同じだったりする友だちを知ることができます。お互いの共通点を見つけながら、子どもたちの心を温めるあそびです。

「大切なもの」を通して子どもたちをつなぐ

　ポイントは、大切なものを紹介する活動を通して子ども同士をつなぐことです。たとえば、紹介の後に質問コーナーを設けると、子どもは、普段あまり会話をしない友だちに対して気軽に質問することができます。

　ほかにも、ただ画面越しに見せ合うのではなく、クイズを織り交ぜながら紹介しても盛り上がります。このように、「大切なもの」を通

して子どもたちをつなぎ、笑い合ったりしながら心の温度を上げていくことが1番のねらいです。

　また、「1日に3人ずつ紹介」というルールにすれば、翌日の楽しみにもなります。

具体的な手順

①教師が合図を出す。

　　教　師：みんな、準備はいいかな？　せーの！

　　子ども：「大切な〇〇」を出す。

②教師が大げさに驚く。

　　教　師：わー！え！え！　Aさん、その鳥はインコですか!?

　　Aさん：そうです！名前は〇〇と言います。

③質問コーナーを設ける。

　　教　師：質問タイムです。気になる人がいたら、その人に何でも質問してみよう。

　　子ども：Aさんに質問です。そのインコは話すことはできますか？

　　Aさん：話すことはできないですが、返事はできます。

子どもの意外な一面が見えることも！

（椎井　慎太郎）

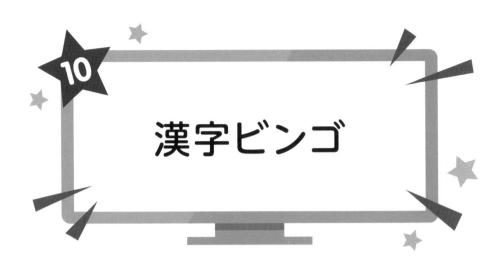

漢字ビンゴ

あそびながら漢字を学ぶ

　漢字ビンゴは仲間と一緒に漢字を楽しく学べるあそびです。ビンゴゲームのルールで、自分のノートやホワイトボードに決まった部首を持つ漢字で埋めていきます。漢字の意味を知ったり、さまざまな漢字に興味を持ったりするきっかけづくりができるのも特徴です。

漢字の予測と配置がポイント

　自分の好きな漢字を書き込みます。友だちが書きそうな簡単な漢字と、辞書などを使って、友だちがあまり知らないような難しい漢字を書いて配置することが勝敗の決め手となるので、自分なりの予測を立てて漢字を配置します。

　「リーチ！」や「ビンゴ〜っ！」のかけ声を大きな声で言ったり、チャット欄に入力したりすることもポイントです。

具体的な手順

①ルールを説明する。

　　教　師：今から漢字ビンゴをやりたいと思います。まず紙に３×３マスのビンゴカードを作ります。先生が「にんべん」や「くさかんむり」の漢字など、ビンゴカードに記入する漢字の部首を決めま

す。記入し終わったら1人ずつ順番に自分が書いた漢字を発表していきます。発表された漢字が自分のビンゴカードにあれば、各自でマルをつけていってください。タテ、ヨコ、ナナメのいずれか三つが先に並んだ人がビンゴで勝ち！というルールです。みんな、わかったかな？　では、「にんべん」の漢字を書きましょう。

②画面に全員が映っており、漢字を9個記入できたか確認する。

③教師が合図を出す。

　　教　師：みんな、準備はいいかなー？

　　子ども：はーい！

　　教　師：それではAさんから、一つ漢字を選んでください。

　　Aさん：はい。私が選んだのは、「代」です。

　　教　師：いいですね！みんな「代」が自分のビンゴカードに書いてあればマルで囲みましょう。

　　子ども：あったー！

　　教　師：では次、Bさん。お願いします。

　　Bさん：はい。私が選んだのは……。

④これをビンゴになる子どもが出るまで繰り返します。

あそびながら漢字が学べる！

（伊藤　丈泰）

オンラインでも楽しくイントロクイズ

　イントロクイズとは、曲の冒頭部分を少し流して、それを聞いた人が何の曲かを当てるクイズです。

　たとえば、子どもたちが持っている歌集を使うのも一つの手です。親しみやすい曲やよく知っている曲を使って、楽しくイントロクイズができたらよいですね。

著作権に留意する

　使う音楽に関してですが、著作権に留意することが大事です。著作権の仕組みをよく理解してオンラインで使うことが必要です。

　イントロクイズとは少し離れますが、子どもと一緒に学ぶつもりで、どんな手続きが必要なのか、活用できる範囲にどういうものがあるのかを調べるのもいいでしょう。

　自由に誰でも発信することができる時代なので、知らないうちに著作権を侵害していることを教えるきっかけにもなります。

具体的な手順

①ルールを説明する。

　教　師：今からイントロクイズをします。メロディーを流すので、
　　わかったら早口言葉を言ってね。

②音楽を流す。

　Zoom では、「画面共有」→「詳細」タブへ切り替え、「コンピューター
サウンドのみ」を選択、「画面の共有」をクリックで PC の音だけ共有
できます。

③わかった子どもは、早口言葉を言う。

　子ども：赤巻紙青巻紙黄巻紙！！！（早口言葉のお題は自由に）

④早口言葉を言い終わった子どもに解答権を与える。

　音楽の流し方やほかの方法でアレンジも可能です。大人が問題を出
すよりも、子どもに出題してもらうと、新しい発見があります。

　・音源　・歌う　・リコーダー等で演奏する

　・画面オフにして、声のみで「この声だーれだ？」

オンラインでイントロクイズをもっと楽しめる！

（植野　鐘太）

コラム
オンラインとオフラインのちがい

　そもそもオンラインの教室とは、意思決定権が参加者側にあります。そういう意味で、子どもの側に決定権があるオンラインの教室は、子どもにとってとても居心地のよいものになります。

　「参加する・しない」を決定できる。ビデオの「オン・オフ」を選ぶことができる。「声を出す・出さない」など選択肢が多ければ多いほど、子どもにとって自由度は増します。

　見学して参加できそうだなと思えば、参加すればよいし、今日はやめておこうという選択も尊重されるのです。その上でできるだけ参加したくなる仕組みを教師が考えたいですね。

　大事なのは、スモールステップの最初のハードル設定を、できるだけ小さくしておくということです。みなさんが初めてオンラインでやりとりをしたときを思い出してください。

　このボタンでいいのかな？　自分の声は相手に伝わっているかな？　みんなからどう見られているかな？　いろんなことが不安になったと思います。その不安を一つひとつ取り除いてあげられるようにしていくとよいです。

　具体的には、画面上で笑顔でいること、ジェスチャーできちんとできていることを伝えること。子どもの思いを汲み取ってあげること。オフラインでも同じですが、２割増しぐらいのイメージで、少し大袈裟にやるほうが安心感を与えることができると思います。

　せっかく家にいるので、普段はできないような、好きな漫画や飼っているペットを紹介してもらってもよいでしょう。普段はあまり話をしない子どもでも、好きなものの話なら話しやすくなることもあります。好きな漫画が同じ子ども同士でブレイクアウトルームをつくっても盛り上がるでしょう。

　間にアイテムが一つあれば、子ども同士は結構簡単につながります。子ども同士がつながる線をいくつも増やしていけるような活動を考えていきます。その線が増えれば、増えるだけオフラインになったときにも学級は安定します。要は自己開示しやすい雰囲気や、教師があそびを準備すればいいのです。

　最初は教師自ら、自己開示をすること。これも大切で重要なポイントです。

（深見　太一）

第 **4** 章

子どもの
つながりをつくる!
オンラインあそび

もぐらたたき

4月にぴったりのアイスブレイク

プレーヤー1人を決め、その子どもが2分間でモニターに映った子どもの名前を呼ぶだけの簡単なゲームです。モグラ役の子どもはカメラの死角に隠れたり、顔を出したりします。

モニターに映ったところで、プレーヤーに名前を呼ばれてしまった子どもはアウトになり、自分のカメラをオフにします。制限時間内にモグラ役全員の名前を呼べたらプレーヤーの勝ちです。

楽しみながらほかの子どもの名前を覚える機会になります。

私たちは「縦割り活動」として、10人前後の異学年の子どもとの交流の時間に実施しました。とくに入学式を実施できないまま小学生になった1年生が、学校の一員として迎え入れられる機会として重要なものになりました。

みんなが楽しむためのもぐらのルール

ポイントは、もぐら側にも規制があること。10秒に一回は必ず画面に顔を出すというルールをつくり、プレーヤーもモグラも動的な活動になることを目指します。

時間内にクリアできなかった場合は、最後にモグラ役の子どもの顔と名前を確認するという時間を設けました。

画面下に表示されるユーザー名を呼ぶ行為もありましたが、家族の名前のアカウントを使用している場合もあり、それはそれで笑いが起きて楽しい時間になりました。

具体的な手順

①ルールを説明する。

②全員のカメラがオンになっていることを確認する。

③始める前に、一度名前と顔を確認させる。

　　教　師：名前を確認します！

　　子ども：は〜い！

④プレーヤー役を決める。

　　教　師：プレーヤーは〇〇さんです。２分間始めるよ。スタート！

⑤終了したら、結果を伝え、次のプレーヤーに交代する。

　　教　師：〇〇さんクリア！　全員言えましたね。次やる人は誰かな？

⑥一巡するまで続ける。

10秒に一回は顔を出すというルールが子どもを活動的にする！

（中村　健人）

ネットだからこそおもしろい！

　教室の中でジェスチャーゲームをしても盛り上がることがあると思います。ただし条件があり、誰かがおもしろいことをしたときに、みんなが笑って楽しんでいるクラスの場合です。関係構築がうまくできていないときにやってしまうと、鼻で笑われたり、かえって嫌な空気になってしまうときがあります。

　しかし、オンラインの場合はいい意味でも、悪い意味でも空気が感じられにくいです。表情は共有できますが、声はマイクが拾ったものだけになるので、嫌な空気が流れにくいという特徴があります。

　用意するものは、紙とペン。まずは先生からいくつか例題を出します。最初は誰でもわかる「ぞう」や「野球」から始めていき、徐々に「ラーメンを食べるところ」や「かき氷を食べるところ」など少しずつハードルを上げていきます。

教師がピエロになることを意識する

　教師がピエロを演じることです。ピエロは自分が笑われることを苦にしません。全体を盛り上げるには何が必要かを見極め、ときにはおどけてみたり、子どもにふってみたりすることで温かい雰囲気を醸成します。

具体的な手順

①ルールを説明する。

教 師：今からジェスチャーゲームをやってみます。これは、先生が何をしているのか当てるというルールです。

②画面に全員映っていることを確認する。

③教師がジェスチャークイズを出す。

教 師：もう１回だけやるよ。わかったらノートに答えを書いてね。

子ども：はーい！

教 師：では答えを出してください。３・２・１どん！
正解は〇〇でした！　合っていた人は１ポイント獲得です。

④３・４問教師が出題者となって盛り上げる。

⑤誰か問題を出したい人？　出してくれた人は３ポイントです！
盛り上がってきたところで、子どもに出題してもらう。

⑥「あと５問やるよ！」と残りを早めに提示しておくことで「もう少しやりたい！」という気持ちを持ったまま終了できる。

画面をよく見ることで、愉快な表情を共有できる！

（深見　太一）

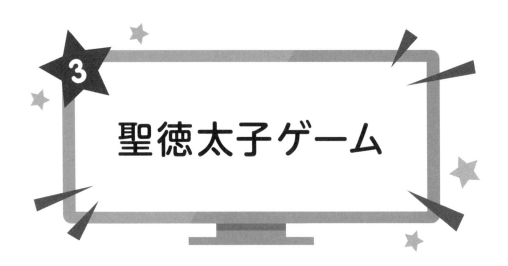

聖徳太子ゲームとは

　言わずと知れた日本史上の偉人、聖徳太子。彼は同時に8〜10人（諸説あります）から話しかけられても、それを聞き取って個別に返答できたというエピソードがあります。

　聖徳太子ゲームとは、疑似的にその状況をつくり出し、いかにそれが難しいか体験しつつ、達成できたら「君も今日から聖徳太子！」感を味わうゲームです。

単語を推測してあてる！

　プレイヤー側と発問側に分かれます。プレイヤー側は各自が聖徳太子を目指して個人で問題を解きます。

　発問側は4人程度のグループです。ホストの「せーの！」というかけ声とともに、発問側がスケッチブックに1文字だけ書かれた文字を一瞬だけ見せます。

　すると、たとえば、画面に「い」「だ」「ん」「こ」が同時に1文字ずつ見えます。プレイヤー側は、うまくそれを並べ替えて、その単語が何であるかを当てます。この場合は「だいこん」という単語がわかったら正解です。

具体的な手順

①子どもたちはスケッチブックと太めのペンを用意する。

②ブレイクアウトセッションの機能で、ランダムの３〜４人グループ
　に分ける。

③グループで相談し、人数に合わせた文字数の単語を決める。各自が
　１文字ずつスケッチブックに書く。

④ホストは全体会に戻す前に、あらかじめ各セッションを回り、「こ
　こが１班だよ」と順番を伝えておく。

⑤セッションが終わり、全員が戻ってきた後、ホストが「１班、せー
　の！」と声をかける。１班の子は書かれた１文字を２秒だけ画面に
　見せる。

⑥プレイヤーは、直前まで誰が発問側なのかわからず、最初は画面の
　どこを見ればよいかわからないのがポイント。１度ではわからない
　ことが多いので、何度も繰り返す。正解がわかったら、個別チャッ
　トでホストにだけ解答を伝える。

正解がわかるまで何度もチャレンジしてみよう！

（やまだ　しょう）

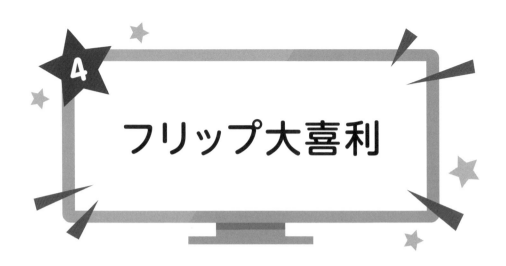

4 フリップ大喜利

家にいても友だちと「オモシロ」でつながる

　共有画面上で教師がさまざまなお題を出し、子どもたちがフリップ（紙）に回答を書いて提示＆読み上げる。それがフリップ大喜利です。

　単純なルールですが、子どもたちからの名回答・珍回答が続出で大笑い間違いなしです。お題を出すのが苦手であっても大丈夫です。ネットにたくさん情報がありますし、大喜利アプリなるものもあります。

楽しかったを共有できるように！

　実際にやってみた後、子どもたちからの「楽しかった」の声はもちろん、保護者からも「子どもが部屋で大笑いしているので何事かと思った」などとうれしい感想をいただいています。ぜひ子どもたちと笑いでつながりたいですね。

　楽しかったという思い出がたくさん共有できると素敵です。なかなか手を挙げられない子どもには楽しんでいるかどうかを確認します。

　また、ふざけすぎて、下品な回答をしたり、他人を揶揄してオモシロを狙いすぎるなど、ふさわしくない回答が出てくるかもしれません。その場合は個別に対応し、その都度、改善していきます。

具体的な手順

①ルールを説明する。

教　師：今日は大喜利をしてみんなで笑いましょう。

　Zoom の画面共有でスライド（お題と回答例を数点）をテンポよく見せながら、大喜利の説明をする。

②リアクションの仕方を説明する。

教　師：おもしろいときは声を出して笑いましょう。それから、チャットで反応してあげてもいいですね。

③「手を挙げる」機能を使った回答の仕方を練習する。

教　師：では、みんなが答えられる簡単なお題で回答の練習をしてみましょう。回答が書けたら参加者リストから手を挙げてください。
（お題例「好きな食べ物」「宝物を教えて」「今やりたいこと」など）

子ども：思い思いに回答をフリップ（紙）に書き、手を挙げる。

教　師：（手を挙げた子を指名して、回答してもらう）

④さまざまなお題（テキストお題や写真お題）で大喜利を楽しむ。

⑤感想を聞く。

フリップ一枚で盛り上がれる！

（安東　哲也）

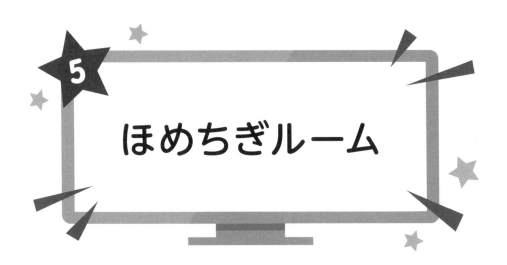

バーチャル教室として運用開始！

　通常の学校生活は教室から始まります。教室に子どもたちが続々とやってきて、話したり遊んだりして朝の時間を過ごします。一日のウォーミングアップの時間ともいえるかもしれません。

　しかし、自宅からオンライン授業に参加することになって、その時間は実質なくなりました。

　そこで、クラスの子どもだけがアクセスできる Web ページを作成し、バーチャル教室として運用を始めました。日直や時間割の表示、「Google Classroom」や、授業を実施する「Google Meet」へのリンクを貼ることで、子どもたちがまず朝はこのページを訪れる、という流れをつくりました。

ほめちぎルームの開設

　さて、私がバーチャル教室につくったのは、子ども同士が交流する場です。その試みが「ほめちぎルーム」です。クラスの仲間のよいところ、よい行動を見つけ、コメントするだけのページです。

　授業以外のふれあいの場に、お互いを認め合う機能をつけることで、一緒に学ぶ仲間がいるという意識、自分への肯定感を持ってもらう目的がありました。子どもたちにポジティブなことをアップするという

心構えができたらいいな、という思いもありました。

とにかくほめるしかない!?

　まずは「日直の○○さん、大きな声であいさつできてよかったよ！」
という日直へのコメントが投稿されました。「ほめる」ためのページ
ですから、「ほめてくれてありがとう」などのコメントも禁止です。
感謝の気持ちを返すには、ほめるしかありません。

　すると、コメントをくれた友だちのよいところを見つけて、「国語
の時間の音読が聞きやすかったよ！」などとコメントの連鎖が生まれ
ました。

　オンライン授業では「教師対子ども」というやりとりが中心になっ
てしまいます。そんな折「ほめちぎルーム」を導入したところ、子ど
もの視点でよいところを見つけ合うようになり、授業中の友だちの発
表、発言に集中する姿が見られました。

　授業後に、「今日発表した俳句上手だったね！」と伝えるコメント
も出てきました。

　コメントが蓄積されて後から読み返せるのもよい点です。

じーん…

ほめちぎルーム

○○さん、あいさつが
できていて よかったよ！
音読が 聞きやすかった！

うれしい…！

ポジティブな雰囲気があふれるようになる！

（中村　健人）

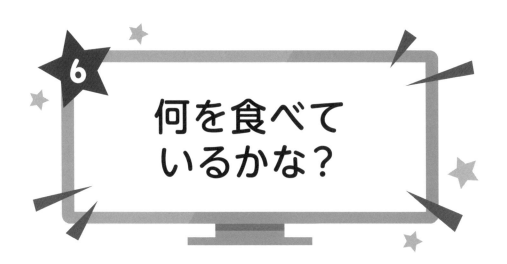

何を食べて
いるかな？

6

学校では難しいこともオンラインならできる！

　学校では、お菓子を食べたりジュースを飲んだりすることは難しい
ですが、オンラインによる家庭からの参加では行うことができます！
子どもたちにとって、学校でできないことを学級の友だちと行うこと
は、別格の楽しさを感じることでしょう。

　ここでは、オンラインを活用した「何を食べているかな？」という
ワークを紹介します。これは何かを食べている発表者に対して、参加
者が味、色、特徴、大きさ、商品のパッケージなどを質問してヒント
をもらい、その食べているものの名前を当てます。

質問する方法を使い分けて、正解に迫る！

　このワークのポイントは、質問をしないとまったく何を食べている
かはわからないということです。そのために、子どもたちの質問の力
が問われます。

　その工夫として、多様な答えが得られるオープン・クエスチョンと、
明確な答えを得られるクローズド・クエスチョンという質問の方法を
使い分けて活用できるといいでしょう。

・オープン・クエスチョン…「どんな味？」「どんな時に食べる？」など、
　相手の答えが多様に考えられる質問の仕方です。オープン・クエス

チョンは相手からより多くの情報を引き出したい場面で有効です。

- クローズド・クエスチョン…「辛い？」「冷たい？」など、相手の答えが明確になる質問の仕方です。クローズド・クエスチョンは相手からより正確な情報を引き出したい場面で有効です。

具体的な手順

〈発表前〉

①家にあるもので、PC などの前で食べられるものを用意する。

〈発表中〉

　教　師：では○○さんの番です。みんなよく見ていてね。

②画面から顔・口をはずして、食べ物を食べる。

　（食べ物自体は相手に見せないようにする）

　教　師：何を食べているかがわかる質問をしてみよう！

　参加者：それは私たちも食べたことがありますか？

　発表者：あります。○○のときに食べると思います。

③正解を発表する。

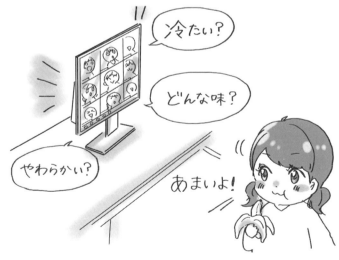

質問力も問われる！

（松山　康成）

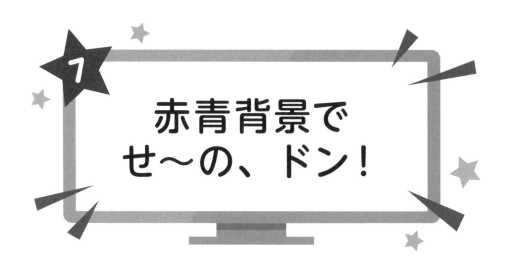

意見が分かれることを楽しみ、考えの違いを実感！

　出題された二択の問題に対してバーチャル背景を赤か青にして答えるあそびです。ポイントは、あえて意見が分かれる二択を考えて出題するようにすることです。意見が違うことを可視化することを通して、その違いを楽しむ習慣をつけることができます。

　そのためにも、赤と青の背景を出した後に、双方の色の人にインタビューし、いろいろな理由を聞き、みんなで共有することで、自分と違う選択をした友だちの考えについて、じっくり共感したり、考えたりすることができます。

子どもが困らないために事前準備が大事

　事前に、全面赤と青の背景写真を、メールやクラウドなどを用いて共有しておくか、子どもが作成しておく必要があります。また、バーチャル背景の設定方法を事前に確認しておきましょう（デバイスによってバーチャル背景の設定の方法が異なることがあります）。もしも背景設定が難しいときには、拍手などで代用できます。

具体的な手順

①ルールを説明する。

教　師：今から「せ〜の、ドン！」をやってみましょう。みなさん、赤と青の背景写真を用意できていますか？　誰かが二択の問題を出して、他の人はバーチャル背景を赤か青のどちらかにします。でも、同時に赤か青の背景を出したいので、問題を聞いたら、一度ビデオをオフにして、バーチャル背景を赤か青に設定してください。「せ〜の、ドン！」でビデオをオンにしてください。出題した人の中で一番赤と青の枚数が近かった人が勝ちです。

②問題を出したい人を指名する。

③指名された子どもは問題を出す。

　子ども：犬と猫かどちらが好きですか？ビデオをオフにしてから、犬なら背景を赤、猫なら背景を青にしてください。

④出題者の子どもの「せ〜の、ドン！」の声に合わせて、ビデオをオンにする。

⑤赤と青の枚数とその差を数えておく。

⑥赤、青、それぞれを選んだ人にインタビューする。

⑦これを繰り返し、赤と青の差が一番少なかった出題者が勝ちになる。みんなで拍手をして終える。

色を使うことで、みんなの意見がすぐわかる！

（山手　俊明）

8 好きなYouTuber紹介

自分のお気に入りのYouTuberを紹介！

　子どもたちの中には、YouTube の中で、自分のお気に入りのチャンネルを登録したり、よく視聴したりする YouTuber がいる子どももいます。友だちのお気に入りを知ることは、まさに子どもたちのパーソナリティを共有することにつながると言えるでしょう。

"好き"を尊重し合うこと

　このワークのポイントは、友だちの好みを尊重し合うことです。そのために、以下の三つのルールを定めておくことも大切です。

---

　①　ポジティブな言葉かけを心がける

　②　話を聞くときは、頷いたりするなど、リアクションする

　③　自分との共通点や友だちの他の好きなことをイメージする

　YouTube のトップ画面には、動画がピックアップされて並んでいます。日頃見ているトップ画面ですが、自分の好みに改めて気付くものです。

　しかし、その機能によって YouTube はどうしても自分の世界だけになってしまうことから、ほかの人と好みを共有して新しい世界にも視野を広げてほしいと思います。

具体的な手順

〈発表前〉

①自分の好きな YouTuber を決めて、おすすめとして紹介する動画を見つけておく。

② YouTuber のおすすめポイントをまとめておく。

〈発表中〉

　　教　師：では○○さんがこれから発表するよ。みんなよく聞いてね。

③おすすめポイントを発表する。

④画面共有で動画を紹介する。

　　子ども：ぼくの好きな YouTuber は、○○です。理由は～です。とくにこういうところがおもしろいです。

　　教　師：いいね、動画をみんなで見てみよう。

〈発表後〉

⑤コメント欄で動画へのコメントを集める。

⑥数人のコメントを教師が紹介する。

⑦これを繰り返して、全員が発表するまで行う。

YouTuber から子ども同士のつながりが生まれる

（松山　康成）

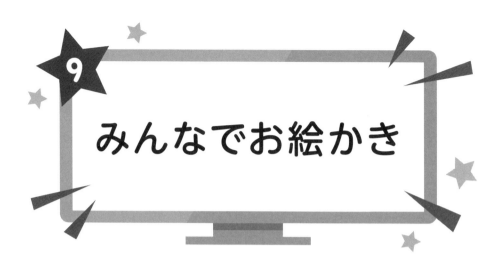

落書きは、楽しいのだ！

　Zoom では、「画面共有」ができます。このとき、「コメントを付ける」を選ぶと、その画面に自由に線を描いたり、スタンプを押したりすることができます。

　タブレットでは、コメントを付けることが容易にできてしまうので、悪意はなくても、画面に線を描いてしまうことがよくあります。そして、それを見ると好奇心から誰もがやってみたくなり、スライドを邪魔されることがあるのです。

　「コメント追加を無効にする」を選択すれば、できなくすることができますが、根本的な解決方法ではありません。

　好奇心は、大切です。「落書きをしたい！」という子どもの欲求を叶えてあげましょう！

ルールが大切だと気付かせよう

　だんだんとやり方がわかっていくと、大きく塗ったり、ほかの子の作品を上から描いたりしてしまうことがあります。このときに、みんなが楽しむためのルールが大切だと気付くチャンスにもなります。

具体的な手順

①ルールを説明する。

　教　師：今日はみんなで、お絵かきをしましょう！

　Zoom の「画面共有（ホワイトボード）」を開き、「コメントを付ける」の方法を教える。

②「みんなで」「楽しく」も共有する。

　教　師：では、みんなで楽しくお絵かきをしましょう。

　子ども：思い思いに絵を描く。

③画面共有をはずして、感想を聞く。

　教　師：「楽しかったですか？」

　2、3分後、画面共有をはずして問いかけましょう。自由にすると嫌な思いをする子どもが必ずいます。そこを取り上げて、ルールをつくります。ルールは、「人の上には描かない」や「描いてしまったら、やり直す」など、子どもたちが納得するものであればいいです。また、1回ですべてが解決するわけではないので、その都度改善していきます。

先生のにがおえを描いてみよ〜っと！

画面共有を使って、子どもは思い思いに表現できる！

（沼尻　淳）

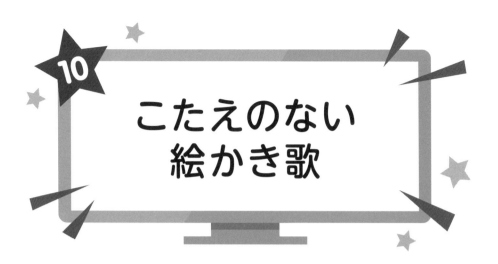

こたえのない 絵かき歌

ルールの上で、さらに楽しもう

　「みんなで」「楽しく」お絵かきができるようになったら、さらにお絵かきで遊んでみましょう。お絵かきをするときの決まり事も理解して、さらに共有（ホワイトボード）もできるといいです。

　ブレイクアウトルームに分かれて、ホワイトボードで描くのも楽しいと思います。全体でやるときは、紙と鉛筆等を用意します。

正解はない！

　みんな違って、みんないい。こたえはないので、変なものになっていいですし、何かに見えなくてもいい。よく聞いて、指示通りに描いていくことを楽しみます。

　はじめは、どこに描くのか決まっていないので、困ってしまう子どももいるかもしれませんが、何ができてもいいことやでき上がった形がみんな違うことがわかると安心してできるようになります。

　すぐ描ける子どももいれば、どこに描くのかを悩む子どもがいるので、先に進むスピードは全体の進捗状況を意識したほうがいいです。

　1人の人が最後まで言ってもいいし、みんなで一つずつ言い合って、つくり上げるのもおもしろいです。

具体的な手順

①ルールを説明する。

　　教　師：今日はみんなで、「こたえのない絵かき歌」をするよ。正解はなく、何ができ上がるかをワクワクして楽しみましょう！

②最初は、みんなでやってみる。

　　まず、絵かき歌にありそうなワードを言う。

　　教　師：丸が一つ、ありまして。三角二つ、ありました。尻尾がニョキッと出てきたよ。雲がもくもく出てきたよ。

　　子ども：（指示に従って、自由に描く）

③画面に見せて、作品を共有し、楽しむ。

④ブレイクアウトルームに分かれて自由に遊ぶ。

　　教　師：今度はみんなの番です。ブレイクアウトルームに分かれ、それぞれのチームで絵かき歌を言う人を決めて、やってみましょう。共有のホワイトボードで描くと、友だちの様子も見ながらできますよ。

一人ひとりが自由に書けることを大切にする！

（沼尻　淳）

普段行けない場所へ簡単に行こう！

　誰もが知っている Google のアプリの中に、Google Earth という
バーチャル地球儀システムがあります。行きたい場所を検索して調べ
ることで、ストリートビューを使って散歩することもできます。

　また、「プロジェクト」機能を使うことで、自分の修学旅行プラン
をダイナミックな動きとともにプレゼンテーションすることができま
す。

　それ以外にも、"Feeling Lucky" という世界中のどこかから無作
為に選ばれた場所へ連れて行ってくれる機能や、"Voyager" という
世界中のお話を画像やストリートビューを見ながら楽しむ機能もあり
ます。

最初は教師が引っ張り、途中から子どもの行きたい場所へ！

　事前に行きたい場所をプロジェクト機能でまとめておいてもいい
し、一緒に "Voyager" を見てクイズに答えながら楽しむこともでき
ます。

　最初は学校の教科に関係ある場所を訪れ、その後は子どもの行きた
い場所を選択していくとスムーズです。

具体的な手順

① Google Earth を画面共有する。

②プロジェクト機能で事前に選択した場所へ行く。

　教　師：学校をバーチャル世界で見てみましょう。

③慣れてきたら子どもの行きたい場所を募り、検索する。

　教　師：バーチャルだからこそ行きたい場所はありますか？

　子ども：エジプトのピラミッド！

④ Voyager のクイズに答えながら世界各地を旅してみる。

　教　師：この中からどれをやってみたいですか？

　子ども：「動物の鳴き声」がいいです！

⑤英語で書いてあるクイズは「そうなんだ！」と思えるプチ情報が付いているので、説明してもよい。

⑥子ども自身でおすすめの場所をプロジェクト機能にまとめる。

　教　師：自分のおすすめの場所を自分でまとめてみましょう。

　　　　Google Classroom の課題から作成していきましょう。

⑦子どもの作成したプロジェクトを元にプレゼンテーションを行う。

子どもの行きたい場所を楽しくみんなで見ることができる！

（片野　祐斗）

ブレイクアウト
ルーム脱出ゲーム

12

自分でZoomの機能を使いながら動く楽しさ

　Zoom に少し慣れてきたら、おすすめしたいゲームです。ブレイクアウトルームで出されたお題をメインルームに戻って回答します。ブレイクアウトルームとは、いくつかの小グループに分けることができる Zoom の機能です。メインルームが教室、ブレイクアウトルームが班活動のイメージです。ブレイクアウトルームでは、教師のメインデバイス以外のサブのデバイスでお題の書かれたスライドを画面共有して提示しておきます。

　お題は、「赤色のものを三つ持ってくる」などでもいいですし、単純にクイズなどでもよいと思います。

複数のデバイスを使うか、複数の教師でトライ！

　ブレイクアウトルームの先でお題を画面共有して映しておく必要があるので、メインルーム用とブレイクアウトルーム用にルームの数だけ Zoom に入るデバイスが必要になります。

　教師側があまり慣れていなかったり、ブレイクアウトルームを多くつくるような複雑な設定にしたりするときには、複数の教師が入って行うとよりスムーズに行えると思います。

82

具体的な手順

①ルールを説明する。

　教　師：ブレイクアウトルームを使って脱出ゲームをしてみよう。
　　今からみんなをブレイクアウトルーム１の部屋にとばしまーす！
　　その部屋で、お題が出されるので、答えを用意できたら、「メイ
　　ンセッションへ戻る」を押して、ここに戻ってきて、先生に答え
　　を伝えてください。正解できたら、ルーム２へとばすので、次の
　　お題にトライしてください。どこまで行けるかな？

②ゲームを開始する。

　教　師：では、みなさん、ルーム１へいってらっしゃーい！
　（ルーム１でサブのデバイスでお題を画面共有して提示）

③答えを用意できた子どもがメインルームに戻ってきて、教師に答え
　を伝える。答えが合っていたらルーム２へとばす。間違っていたら
　子どもが自分でルーム１へ戻る（PC画面下のブレイクアウトルー
　ムボタンを押すと自力で戻ることができる）。

④あとは、繰り返し。時間内になるべく先のルームへ進めた、もしく
　はすべてクリアできた子どもが優勝。

Zoom機能を使って楽しめる！

（山手　俊明）

13

ブレイクアウトルームかくれんぼ

盛り上がりながらワクワクを共有できるあそび

これはブレイクアウトルームを使って行うかくれんぼです。Zoomに少し慣れてきたら、おすすめのあそびです。子どもたちをグループに分け、ブレイクアウトルームを作成します。教師がいろいろなブレイクアウトルームを見回ります。

教師が来ている間は、画面から姿を隠します。声を出してもいけません。教師が見つけたときには、「○○くんみーっけ！」と声を出し、チャット欄に名前を書き込みます。

まずは教師があそんでみよう！

まずは教師同士で、あそんでみましょう。ブレイクアウトルームにいる間に話す話題を提供してもよいでしょう。

好きなマンガを共有しようなど、最近はまっていることや子どもがワクワクするような話題を準備しておくと、ついつい話に夢中になってしまい、隠れるのを忘れるかもしれません。それもまた楽しいでしょう。

具体的な手順

①ルールを説明する。

教　師：ブレイクアウトルームを使ってかくれんぼをしてみよう。今からみんなをバラバラなブレイクアウトルームの部屋にとばしまーす！　その部屋で、お題に沿って順番に話をしておいてください。先生がきたら、画面から隠れます。声を出してもいけません。万が一画面上に見つけたときには、「〇〇くんみーっけ」と言い、チャット欄に名前を書きます。ルールはわかったかな？

②ゲームを開始する。

教　師：では、みなさん、それぞれの部屋へいってらっしゃーい！（最初は好きな食べ物について話してねと提示）

③それぞれのブレイクアウトルームで好きな食べ物について話をしている。教師は、ブレイクアウトルームをランダムに訪れる。画面上に見つけた子の名前を呼ぶ。

④あとは、繰り返す。途中で話題を変えるために、次は〇〇について話そうとチャット欄に書き込んでもよい。同じブレイクアウトルームを何度も訪れたり、忘れた頃に顔を出したりすると盛り上がる。最後まで隠れ切った子が優勝となる。

グループごとにワクワク感を共有できる！

（深見　太一）

コラム
オンライン学級づくりの良さ

　同じ画面に映り、対等につながれるというのもオンラインの良さです。

　教室ではどうしても声の大きい子ども、リーダーシップのとれる子どもが多く発言してしまいがちです。全員に均等に発言をしてもらいたいと教師が願っていても、うまくいくときのほうが実際には少ないです。

　オンライン上であると、画面上の大きさが同じであるので自然と対等感が育まれます。最初に、「話す時間を同じぐらいにしようね」とひと言ルールを提示しておくだけで、たくさんの子が発言することができます。

　発言することが苦手な子どもであっても、チャット欄に書き込むことは得意な子どももいます。今の子どもたちは、オンライン上でゲームをしているので、ボイスチャットやチャット欄に書き込むことに慣れています。

　教師の画面のサイズも子どもと同じなので、そこでも対等感が生まれます。つまり教師も画面上では、1人の出演者となるのです。

　教室で授業をしていると、姿勢が崩れている子ども、机に落書きをしている子どもなどが気になり、声をかけることがあります。声をかけると、直りますが、数分後に同じことの繰り返しになっていることがよくあります。オンライン上であれば、変な姿勢で参加していようが、落書きをしていようが気になりません。

　逆に意欲的に発言している子どもや、人の話を聞いている子どもがよく目に付き、声をかけることができます。

　たとえば、普段発言が少ない子がチャット欄に書きこんだとき、あまりリーダーシップをとらない子がブレイクアウトルームを仕切っているときなど、教室とはちがう様子をたくさん見ることができ、ほめることが増えていくのです。いいところに気が付くトレーニングだと思って、前向きに取り組んでみましょう。

（深見　太一）

第 5 章

オンラインでできる!
授業参観や学校行事

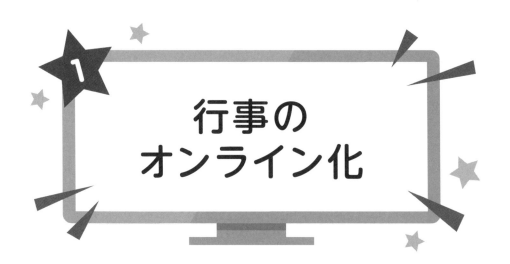

その行事、本当に1か所に集まる必要はある？

　感染症対策のために密を避けざるを得なくなった世の中になったことで「その行事、本当に1か所に集まって参加する必要があるのか？」と考えています。

　たとえば全校朝会。大規模校だと、移動するだけでも時間がかかります。基本的に話を聞いているだけなら、1か所からのライブ配信で代替可能です。実際に取り組んだのは、家から視聴したオンライン始業式、各教室から視聴したオンライン全校朝会です。

　ちょっと「オンライン」という言葉とはずれるかもしれませんが、ライブ配信を行ったのが音楽発表会、卒業式です。おじいちゃんおばあちゃんは、海外の日本人学校や遠くの学校の入学式や卒業式には気軽に参加できないこともあります。

　だからこそ、オンラインでライブ配信を行うことも効果的です。

パソコンに付いたカメラで定点から気楽に配信

　こういった新しい取り組みをするのは大変です。しかし、行事をオンライン化するのは意外と簡単で、必要なことは「カメラの付いたパソコン」「Google アカウント」だけです。

　あとは視聴用のアドレスをメールでも QR コードでもいいので配

信しておしまい。画質にはそこまでこだわらなくてよく、720 ピクセルで十分です（画質がよすぎると個人の特定ができてしまい、それも問題になる可能性もあります）。

行事をオンラインで行うまでの手順

〈YouTube でライブ配信をする場合〉

①　Google アカウントを学校として取得する（無料のもので OK）。

②　YouTube でライブ配信の「限定公開」「開始する日時」を設定。

③　そのライブ配信の動画のリンクを事前にメールか QR コードにて伝える（QR コードはリンクのアドレスがあれば無料で作成可能）。

④　ライブ配信当日、定点にパソコンを設置し、時間になり次第、ライブ配信開始（リンク先を開いて待っている人は、配信者が開始すれば自動的に視聴開始可能）。

※ライブ配信を視聴する場所は家庭でも、学校でも同じです。YouTube にて行うことのメリットは見逃し配信が即可能な点です。

セキュリティ対策

　YouTube で限定公開することにセキュリティ上の不安がある場合は G Suite for Education を採択して学校独自のドメインを取得し、Google Meet（ビデオ通話会議システム）のライブストリーミング機能を使うことで解決できます。

　この場合、学校のアカウントを持っていないと、ライブ配信にアクセスすることができないため、情報漏洩の心配がありません。

（片野　祐斗）

2 オンラインで できる研究発表会

オンラインでスイカ割り！

　夏の風物詩スイカ割りをオンラインで楽しむ活動です。Zoom と
スイカ割りの道具を用意すれば準備完了です。目隠しをした教師の姿
を画面に映し出し、子どもたちが声をかけて教師を誘導します。可能
であれば、教師の視点と全身の二つの映像を用意します。

　子どもたちの中で自分がしたいという子が出るかもしれません。道
具が用意できるのであれば、教師役をさせることで、大いに盛り上が
ります。

リアル脱出ゲーム・肝試し・天体や生き物などの観察

　会議アプリは、スマートフォンからアウトカメラの映像を送ること
ができます。これを利用して、一人称視点のゲームを子どもたちと楽
しむことができます。普段見慣れた教室も、鍵となる手紙などを隠せ
ば、暗号を解きながらの脱出を目指す、リアル脱出ゲームの完成です。

　また、暗がりの中を歩いて、教師が扮したおばけが出てくれば肝試
しに早変わり。どこにでも画面の向こうの子どもと一緒に観察に出か
けることもできます。アウトカメラを駆使した活動は数えきれません。

オンラインでも体育指導

　オンライン学習で欠かせないのが体育の授業です。画面に向かって同じ姿勢で行う授業が多いため、子どもたちの身体をほぐし、運動不足を解消する大切な時間です。

　オンラインであっても、会議アプリを使った双方向性の授業であれば、普段の授業と近い感覚で指導を行うことができます。

　体育の授業では、教師側が会議アプリのギャラリービューを使います。画面全体に子どもたちのサムネイルが表示され、一人ひとりの活動の様子を見ることができます。子どもたちの様子に合わせてテレビや大画面のパソコンなど、大きな画面を使えば一目瞭然です。

　子どもたちの動きを見ながら、細かく指導したり、繰り返し教えたりすることができます。ヨガ、ダンス、器械体操、ストレッチなど、できる運動の種類も豊富で取りかかりやすい活動の一つです。

見やすい！ 分かりやすい！ 研究発表会の実践

　自由研究発表や授業でのプレゼンテーションなどは、オンラインでより見やすく行うことができます。作品や発表に合わせて機能を使い分けることができますし、全員が同じ画面を共有することができるので、前の子どもの背が高くて見えないなどということはありません。私のクラスでも子どもが自分の研究発表を行いました。

　絵画作品や理科実験はカメラで映像を送ることができます。場合によって、アップやルーズを使って見せる方法もよいでしょう。運動の成果も同様に披露することができます。

　まとめたレポートをスキャンすれば、教師が授業をするように、画面を共有して発表することができます。パソコンでつくった資料を発表することもできます。

（竹山　輝）

オンライン授業はすべての授業が参観可能になる

　オンライン授業をすると、家にいる保護者が、すべての授業を参観可能になるわけですが、保護者に常に子どもの学習の様子を見てもらうことは、子どもも教師もあまり望んでいません（緊張してしまいます）。

　そこで、オンライン授業を始めるときには、子どもの学習の様子をどの程度確認してほしいかやサポートをしてほしいかなどを、保護者に事前にお願いをするといいかもしれません。その代わりにオンライン授業参観のイベント日を設定します。

オンライン授業参観は、保護者参加型がいい

　オンライン授業参観は、保護者も子どもと一緒に参加できるような内容にできるといいでしょう。

　学校で行う授業参観でもそういった保護者参加型の授業はあるのですが、オンラインでそういった保護者の参加を取り入れることができると、よりオンライン授業の可能性が広がります。

　子どもと保護者がいつもの家にいる、ほかの子の家とつながることができる、チャット機能で教師を含む参加者とつながることができる、などオンライン特有の環境でさまざまな新しい取り組みが生まれてき

ます。

　子どもも保護者も教師もみんなが楽しめる活動を行うことができれ
ば、子どもも保護者も安心し、子どもと教師、保護者と教師の信頼関
係もよりよいものを築くことができます。

オンライン授業参観の手順

①　授業参観の日時や準備してほしいものなどを事前に連絡する。

②　入室するとき、子どもと保護者の名前にしてもらうとあそびをす
　　るときなどに役に立つ（例：音線太郎／花子（母））。

③　ミュートや発言の仕方など簡単な約束事を説明したり、チャット
　　の練習をしたりする（この時子どもが親に教えていたりします）。

④　名前を呼んで返事をしてもらったり、簡単な自己紹介をしてもら
　　う。

⑤　授業を開始する。

オンライン授業参観の内容例

〈家族の絆を深めるチャレンジ系〉

・授業で行ったあそびを保護者も一緒にやってもらう

・家族で簡単なプレゼンをしてもらう（家族の自慢・紹介など）

・家族で協力して難問を解いてもらう

〈クラスのほかの家族と交流するチャレンジ系〉

・グループでテーマトークをしてもらう（なぜ勉強するのか？など）

・グループで協力して難問を解いてもらう

　これらのほかにも、親子で学び合う時間を設けたり、ブレイクアウ
トやチャット機能などを取り入れたり、アイデア次第でいろいろと楽
しめます。

（安東　哲也）

オンライン学級通信を発行してみよう

　学級経営の重要なツールとして学級通信を発行している教師も少なくないと思います。この学級通信についてもオンラインをうまく利用することができます。

　これまでの紙の発行では文字情報や写真のみでしたが、オンラインでは音声データや動画データを配信することができます。担任や子どもたちの声や様子（動画）を届けることができ、情報量が増えることによって、温もりが増します。

オンライン学級通信の発行方法

　オンライン学級通信の発行方法は、以下の２通りが考えられます。
- 学校ホームページやクラウド上に学級通信のデータを掲載する
- 音声配信サービスや動画配信サービスを利用する

　いずれも配信先の URL を直接連絡したりパスワードを知らせたりして限定配信をします。

　内容は、学校での生活や授業などの様子、担任からのメッセージなどを撮って配信するとよいでしょう。また、写真にコメントを加えてムービーを作る方法もあります。５分から 10 分程度の動画であれば慣れれば簡単につくれます。定期発行やイベントごとの発行など発行

頻度はさまざまです。

　これまで何度か YouTube で動画を限定配信しました。

　休校中の担任メッセージや学校再開後の学校の様子を見た保護者から「親子で楽しみにしています」「先生や自分たちが YouTube に出ていると子どもも喜んでいます」と言ってもらいました。教師からの配信を家族で楽しむ素敵な時間にもなります。

オンライン学級通信の例

　さまざまな学級の様子を、動画で撮影したり編集したりして配信することができます。

- 帰りの会での1日の振り返りや「いいとこみつけ」の発表の様子
- 授業の様子（国語の音読発表や算数の学び合い、図工の制作の様子、道徳の話し合いの様子など）
- 運動会や学芸会などの行事の練習から本番までのダイジェスト

　いずれも、カメラが回っていることで、子どもたちの発表が増えたり、声の出し方が変わったりしました。

　担任からのメッセージの配信も喜んでもらえます。子どもと教師、保護者と教師との信頼関係を築く上でも有効です。

学校からのさまざまな発信に応用が利く

　ここでは学級通信について書きましたが、学校から家庭への通信には学年通信や学校通信、保健室便りなどほかにもいろいろとあります。それらすべてがオンラインで配信が可能です。

　学校独自、教師独自の心のこもった配信で学校と家庭の距離がぐっと縮まることを期待します。

（安東　哲也）

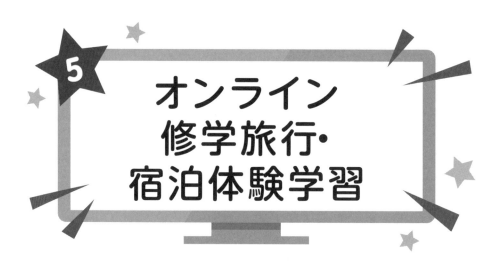

子どもが行事をつくるチャンスに

修学旅行や宿泊体験学習は、通常教師が旅行会社と綿密な打ち合わせや下見を重ねて企画しますが、オンラインであれば移動や施設利用などの費用が発生しないため、企画を子どもたちに委ねやすいと思います。

Zoom や Google Meet などのアプリ（以下 Zoom）でつながることができれば、できることはたくさんあります。子どもたちが、修学旅行や宿泊体験学習というビッグイベントを自分たちでプロジェクト化し、企画・実行できたという経験を積むことができれば、今後さまざまな行事などに主体的に関わっていく姿勢につながるのではないでしょうか。

どんなことができるだろう

Google Earth や Google ストリートビューを使えるなら、Zoomで班ごとに分かれて、班の1人が画面共有しながらみんなで名所を散歩するのも楽しいです。解かなければならない謎を用意しておいたり、チェックポイントや集合場所を決めておいたりしてもいいですね。

食事は、Zoom 上で乾杯して、一緒に食べるだけで楽しいですし、原っぱやどこかの名所の写真を画面共有して食べれば非日常感のある

楽しさを味わうことができます。それに加えて、子どもたちが手元に食材を用意しておくと、「オンラインBBQ」や、教師が画面のほうへ筒でそうめんを流して、タイミングを合わせて手元のそうめんを食べる「オンラインそうめん流し」などもできます。

　また、ZoomでYouTubeの動画を画面共有することでいろいろなレクができます。焚き火動画を共有し、部屋の電気を消して「オンラインキャンプファイヤー」（→ 50 ページ参照）や、みんなで浴衣を着て、花火大会の動画を流して「オンライン花火観賞」も楽しいです。

　この本の他ページで紹介されているあそびも当然活用できますし、宿泊行事ならではの部屋班ごとの寝る前の時間などをつくっても楽しいです。

事前にさまざまなツールにふれておくこと

　企画の前に、子どもたちがいろいろなアプリを使ったあそびや学習を経験しておくと、子どもたちの発想が広がりやすくなります。

　また、ご家庭の協力も必要不可欠なので、事前にお願いをして連携できるようにしておくことも大切です。家族も参加できるパートがあってもおもしろいかもしれません。

オンラインだからこそできること

　費用や移動時間を気にせず、世界中に行くことができます。途中の目的地が班や個人によって違って、どこかに集合するということもできます。家にいるので迷子や事故などの心配もありません。時間も、イベントごとに何回かに区切って実施することも可能です。

　家にあるものもいろいろ使えます。リアルなふれあいはできませんが、オンラインだからこそできることがたくさんあります。子どもが中心になってつくり上げられたら、きっと最高の思い出になると思います。

（山手　俊明）

6 Zoom保護者会

その負担、軽減しませんか？

　保護者会は、教師と保護者がコミュニケーションをとれる数少ない場です。家庭と学校の連携は大切ですから、この機会も非常に重要です。それゆえ、大きな労力をかけることは適切だと考えられてきました。

　その結果、1・2学期の成績が固まった、灼熱の7月や極寒の12月にご足労いただき、わずか30分ほどの面談のために、申し訳程度にストーブが置かれた廊下で待っていただいていました。

　そうやって保護者に強いていた負担を軽減しつつ、コミュニケーションをとれるとしたら、誰もが幸せではありませんか？

Zoom保護者会のすすめ

　いきなり全員に対して、すべての日程をZoom化する必要はありません。たとえば、3日設定されているうちの1日をZoomの日にすれば、導入の壁は低くなります。事前のアンケートで適切な量を見極めましょう。希望者が多ければ、バランスを変えればよいのです。

　会議室をスケジューリングして事前にPass等を発行し、各自の時間とともにメールで伝えます。セキュリティ設定で待機室をオンにすれば、ホストのタイミングで入退室を管理でき、複数の保護者が同時

に顔を合わせることもありません。したがって、一つの会議室で連続して保護者会の継続が可能です。

Zoom保護者会のメリット

- 保護者の負担軽減
  移動や待機の環境、ほかの保護者との接触等、負担軽減が可能です。
- 無駄な緊張を緩和できる
  お互い自分のフィールドで話すので、緊張が緩和できます。
- 複数での面談が可能
  たとえば保護者の職場からでも参加できるので、仕事中のパートナーや遠方に住むご家族にも、同時に参加していただけます。
- 保護者会と家庭訪問が同時に可能
  保護者が家から接続していれば、教師は家庭の様子が垣間見えます。玄関先で話すより多くのことがわかるでしょう。一方で保護者には教室の様子が伝わります。
- 待機室設定で時間がコントロールしやすくなる
  時間が延長した場合、待機室に次の保護者が控えていることが相手にも伝わるので、話を区切る心理的な抵抗が少なくなります。

応用すれば、入試もオンラインに

　私の勤務校では、入試での保護者面接をすべてオンライン化しています。上記のメリットに加えて、台風等の災害や感染症の対策も可能です。つまりやろうと思えばそれほど難しいものではないのです。

　さらに、面接を録画することで、振り返って検証することもできます。出願されたデータに、事前に発行した ZoomURL を紐づけ、自動返信可能なシステムを構築しています。

（やまだ　しょう）

オンライン『学び合い』

個別学習の時間に子どもを孤立させないために

　双方向のオンライン授業をつくるときには、基本的な流れは、「①教示する→②課題提示→③個別学習（１人で取り組む）→④途中段階で提出→⑤友だちの考えを見ながら自分の考えをアップデートしていく→⑥振り返り」のようなパターンをベースにしています。

　このとき、③の個別学習の時間に子どもが孤立してしまわないように注意をしなくてはいけません。その点については教室での授業においても同様なのですが、オンライン授業の場合、子どもたちの見えている部分が限られているため、孤立している状況がより気付きにくいのです。

　そこで、子どもたち同士が協同的に学び合う『学び合い』のオンラインでの実践を紹介したいと思います。

オンライン『学び合い』とは？

　その名のとおり、オンラインで『学び合い』をするということです。『学び合い』については、理論的に詳しく学びたい方は、上越教育大学の西川純氏などの著作を参照することをおすすめしますが、ここでは、課題に「進んで（主体的）」「みんなで（対話的）」取り組み、「誰も見捨てないで」「みんなできるようになる」を目指す授業をいうこと

にします。

　実はオンラインでは Zoom のブレイクアウトルームの機能などを
使って、この『学び合い』がとても有効となります。そして、教師が
子どもたち一人ひとりをきめ細かく見ることができないため、代わり
に子どもたちを信頼することができます。

　Zoom のブレイクアウトルーム（学び合いの部屋）へ行った子ども
たちは、教師のいないところで課題を「みんなができるようになる」
ように、よく考えるようになります。

オンライン『学び合い』の具体的な手順

　筆者は以下のような方法でオンラインでの『学び合い』を実践しま
した（オンライン会議ツールの違いやバージョン等によって最適な手
順が変わってくるかと思います）。

① 　Zoom 上で、授業部屋をつくる。

② 　課題を画面共有で提示し説明する。

③ 　課題に対する質問を受け答える。

④ 　進捗や理解度を可視化するルールを説明する。

　（たとえば、「1」から「5」までの5段階で、まったくできていない、
　わからないならば「1」、すべてできた、理解したならば「5」など
　を Zoom に表示される名前の前につける『3　山田太郎』など）。

⑤ 　個別に課題を解き始める。

⑥ 　学び合いの部屋というブレイクアウトルームを複数つくる。

⑦ 　各自の進捗（④）を見てマッチングを図り、各ブレイクアウトルー
　ムへ移動する。

⑨ 　子どもたちによる『学び合い』を実施する。

（安東　哲也）

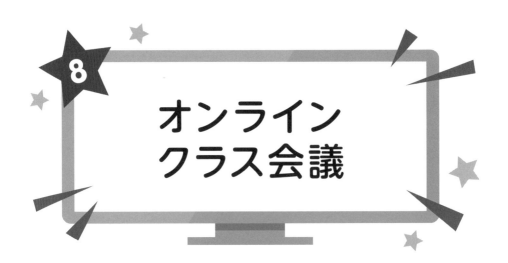

ハッピーサンキューナイス

　まずは会議の雰囲気づくりをします。うれしかったこと・楽しかったこと・いいねと思ったことを発表します。通常はトーキングスティック（ぬいぐるみ）を回して、誰が話すのかをはっきりさせますが、オンラインではできないので、教師がファシリテーションをして、1人ずつ指名をしていきます。

　慣れてきたら、子ども同士で指名するのもいいでしょう。全員が声を出しておくとその後の話し合い活動のときにも発言をしやすくなります。

　通常のクラス会議と同じようにパスする権利もあることを伝えておきます。ビデオがオフのままで、顔を出さなくてもよいこと。話すのが苦手な子どもはチャットに書き込んでもよいことを伝えて安心感を前面に押し出します。

議題解決の話し合い

　議題がある人に手を挙げてもらい、自分の抱えている悩みを相談してもらいます。教室の中でやる場合にはクラス全体の議題を話し合うことが多いのですが、オンラインでやるとなると家族の話や個人的な悩み相談が多くなります。

関係ができていれば、すんなり悩みを出せますが、まだ関係構築ができていないときには、中々悩みは出せません。最初は教師の悩みに対し、解決策を考えていくとよいでしょう。

　ほかには、ハッピーサンキューナイスの次に「最近困っていること」というお題でそれぞれノートに書いてもらいます。それを画面上に提示することで、みんなが出しているなら、自分も出そうという気持ちになり、すんなり議題が出せます。

　教室の中でやるときには、議題に対し近くの人で相談してから全体に共有しようという流れになるのですが、オンラインではそれができません。ですからブレイクアウトルーム機能を活用し、小グループを設定して話し合うとよいでしょう。

なぜ今クラス会議なのか

　家にいることが多かったことで、家庭環境が複雑な子どもや虐待（心理的・肉体的）傾向にある子どもなど、1人では抱えきれない問題を背負ってしまっているかもしれません。

　学校に行って悩みを相談できる子どもはいいですが、教師が忙しそうにしていたり、友だちに対し家庭の悩みを切り出すのは勇気がいることです。であれば、クラス会議の時間を確保することで、自然と相談しやすい雰囲気がつくれると思いませんか？

　みんなで相談する雰囲気を醸し出すことで、普段は引っ込み思案な子どもが、議題を持ち出すことはよくあります。授業では決して手を挙げない子どものほうが、クラス会議の時間を楽しみにしているということは、私の経験上とてもよくありました。

　普段は拾いにくい小さな声を大切にする学級経営をクラス会議なら実現できます。そのための第1歩として、時間と場所の確保をしてみませんか？

（深見　太一）

コラム
オンラインでは双方向のやりとりを

　休校中、全国で YouTube などを限定配信して、一方向のオンライン授業が行われていました。

　決して悪いとは思いません。むしろとてもよいことだと思います。習っていないところのプリントを大量に渡して、教科書を見て学習させるより 100 倍素晴らしいです。

　しかし、私たちは子どもを教えるプロではありますが、教える動画をつくるプロではありません。動画をつくりながら、寝ずに学校で仕事をしている先生もいたそうです。

　コロナの時期、人との接触を減らす時期に、夜中まで仕事をするということは、おかしなことです。

　双方向のオンライン授業では、動画をつくる必要はありません。子どもたちと教室で話すことを、オンライン上で行うことができます。

　特別なソフトも必要のない場合が多いです。私は Zoom というソフトを使いましたが、無償で手に入れることができます。予算の確保は必要ありません。「まずやってみよう」ということで行えるはずです。

　まだ実施できていない自治体では、ぜひ一教員として声をあげるところから始めてほしいと思います。

　双方向のやりとりでは、実際会っているように出席をとったり、ゲームを行ったりすることができます。子どもたちの課題への質問や、チャット機能を使って普段学校では知ることのできないことまで聞けます。

　全国的にオンラインで双方向のやりとりができる環境を 100%にしたいと思っています。

（庄子　寛之）

第 **6** 章

オンラインで
学びを広げた事例

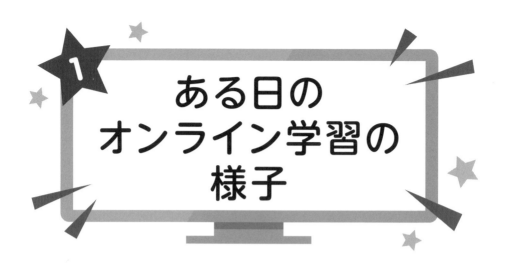

ある日の オンライン学習の 様子

ある日のオンライン学習の様子

　ある日のオンライン学習の一コマです。朝、授業支援アプリを通して配信されたその日の課題を確認する子ども。自分のペースで、数時間分の課題をこなし、困ったことがあれば教師が立ち上げる Zoom 相談室で質問。夕方までに、その日の学習の成果物（ノートやプリントの写真など）をオンラインで提出。

　しばらくたつと、先生からのコメントが入ったものが返却され、それを見ながら思わずにっこり……。

　オンライン学習によって、子どもたちの学び方は大きく変わりました。でも、取り組んでいることは普段の教室とそれほど変わりません。

　「課題把握」「自力解決」「提出」などはオンライン学習でも実現が可能であり、子どもたちの学び方の幅は大きく広がりました。

子どもたちの声

　「自分のペースで学習を進められたのがよかった」
　「先生方の授業動画がおもしろくてわかりやすかった」
　「Zoom を使ってグループワークをしたのが楽しかった」
　「困ったときに Zoom で相談することができたので、安心して取り組めた」

「ノートの写真を送ったあとに、コメントを入れて返してくれるのでうれしい」

休校後、オンライン学習についてアンケートをとってみると、このような声がたくさん届きました。多くの子どもたちは、オンライン学習について、「友だちや先生とつながれたこと」や「先生から励ましの言葉をもらえたこと」「先生方の工夫を凝らした課題」等を、楽しかったことやうれしかったことに挙げていることがわかります。

オンライン学習を進めるために尽力してきた私たちにとって、それは最高のほめ言葉となりました。

オンライン学習で大切にしたい「学びの要素」

オンライン学習で大切にしたい「学びの要素」は多岐にわたります。たとえば、学びを止めないための「知識獲得」の要素は、この状況下において最も優先される要素です。

しかし、知識を獲得させることだけを目的とせず、子ども目線で考えることも大切です。そのためには、教師が何を学ばせるかよりも、「子どもがどう学ぶか」「子どもがどうしたいか」に思いをめぐらせることがポイントになります。

そこで、今回の状況下において大切にした学びの要素があります。それは、次にある「意欲」「関わり」「相談」の三つです。

> 意　欲：子どもが学習内容に興味ややる気をもてること
> 関わり：子どもが友だちと関わり合いながら学ぶこと
> 相　談：子どもが必要に応じて学習の相談をできること

Zoom やロイロノート、Google Classroom などを活用しながら、これらの要素を意識したオンライン学習を進めていくことが、先述した子どもたちの声につながっていきます。

（椎井　慎太郎）

子どもの主体性を
育てるプラット
フォームづくり

子どもの探求心を止めさせない！

オンラインの良さとして、いつでも誰とでも交流できることや、写真や動画などを簡単に発信できることが挙げられます。この良さを活かし、子どもたちが安全にインターネットに接続し、お互いの意見を交わし合える場「第2のクラスルーム」をつくることで、学校でなくても子どもたちが関わり合うことができるようになります。

オンラインだからこそできることは多く、進んで何かを発信したり、挑戦したりする意欲を高めることができます。

オリジナルホームページをつくろう！

まずは教師が簡単なホームページをつくることから始めます。学級目標や教師の似顔絵、ご意見掲示板などを設置すれば準備完了です。

クラスの子どもたちに、どのようなデザインにしたいか、ほかに増やしたいページはあるかなどと問うだけで、独創的なアイデアの数々が生まれてきます。

「特技を披露するページ」や「互いの良さをほめ合うページ」「絵や写真のギャラリー」など、そのクラスだけの特別なホームページが子どもたちの意見から大きく広がっていきます。

みんなの映像でオリジナルムービーをつくろう！

　自宅からでもクラスで一緒に共同作業をすることはできます。その中でも手軽に行えるのが動画の撮影と共有です。子どもたちの得意なことや好きなことなどの写真や映像を使って一つの作品をつくる計画を立てます。実際に子どもたちに意見を出してもらったところ、「お弁当対決」や「みんなで合唱・合奏」「特技紹介」などのアイデアが出てきました。どうすれば実現できるか、自分たちで企画内容について掲示板などで話し合い、役割を決め、分担して作業を進めていきます。

　子どもたちだけでは解決できない場面では、教師も手を差し伸べながら作業を進め、最後には世界に一つだけのオリジナルクラスムービーをつくることができます。

　また、教育系のSNSやアプリケーションは数多くありますが、これらをうまく活用することでも子どもの主体性を育てることができます。

　中でも、映像を共有して手軽にビデオディスカッションができるFlipgridは、子どもたちからも保護者からも好評でした。ただ自分の考えを発表した録画を投稿するだけでなく、映画のような動画を編集したり、好きな視覚効果を適用したりなど、動画づくりが楽しくなる要素が満載です。気付けば子どもたちの動画でいっぱいになっています。

セキュリティに配慮する

　これらの活動は学級経営の一つですが、すべてにおいてセキュリティへの配慮は欠かせませんでした。インターネットは便利な反面、不特定多数の他人に情報を見られてしまう可能性があります。

　指定されたアドレスやアカウントのみにログインを許可したり、個人情報が公表されないようにしたりと、十分に対策をしておかなければならないことは言うまでもありません。

（竹山　輝）

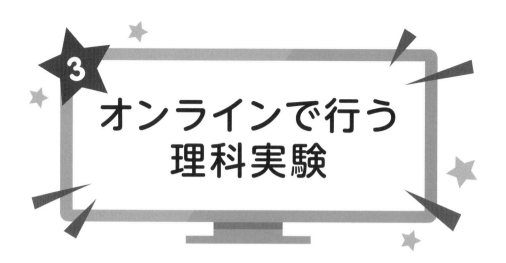

オンラインで行う理科実験

実験はみんなでするからおもしろい！

実験や観察は、みんなでするからおもしろいのです。正確に言うと、実験や観察で生まれる驚きや感動をみんなで共有し、意見を交流し、深め合うところにおもしろさがあります。

動画やメール配信等で、一方的に実験の紹介をしても、苦手意識を持っている子どもほど、取り組みません。

オンラインで子どもをつなげ、一緒に取り組み、結果を共有しながら進めることで、体験から探究の時間へと変わります。ここでは、一つの理科実験を例に、その流れとポイントを紹介します。

オンラインで行う理科実験

1、2年生を対象に行った「カタバミを使って10円玉をピカピカに磨く実験」を例に紹介します。この授業は、Zoomというビデオ会議ツールを使って、リアルタイムで進めました。

事前に、カタバミの葉数枚と10円玉を用意するように伝えました。授業ではカタバミとクローバーの違いなどの豆知識にも触れながら、楽しく進めていきました。

実験場面では、オンライン上でいくつかのグループに分け、友だちとコミュニケーションをとりながら10円玉を磨いていきました。ピ

カピカにした後は、カメラの前に 10 円玉をアップで映し、全員で記念撮影をしました。ここまでで約 20 分です。

オンラインでの理科実験のポイント

オンラインで行う場合は「探究の余白」が大切な要素となります。子どもが自分で探究をする余白を残してあげましょう。

カタバミで 10 円磨きの場合の「探究の余白」とは、何でしょうか。

この実験の場合、カタバミではなく、ほかの葉っぱではどうだろう？と自然と疑問が湧いてきます。実際にオンライン上でつぶやいている子どもも出てきます。それを拾って、全員の疑問として共有します。また、葉っぱではなくて、冷蔵庫に入っているある調味料 (お酢やレモン汁) でもできるよ、と仕掛けることも大切です。

子どもたちの多くが、授業後も、その余白の実験に取り組んでいました。こうして、オンラインからオフラインの探究へつなげるのです。そして、できれば、余白の実験結果を共有できるような、自由提出の提出箱をオンライン上につくってあげてください。

子どもたちの探究心がさらに高まります。

家でできる理科実験

いろいろな理科実験に取り組みましたでの、いくつか紹介します。オンラインでは、実験材料が身近であることも大切な要素となります。
- ペーパークロマトグラフィー　・家の中で酸アルカリを探そう
- カクテルづくり (比重)　・コケコップ (音の実験)　・浮沈子
- パッチンカエル (ゴムの実験)　・発泡スチロール船 (表面張力)
- バナナアート　・バターづくり　・花の解剖
- にぼしの解剖　・手羽先の解剖　他

（吉金　佳能）

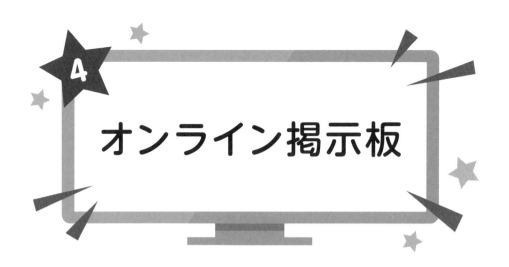

日常生活に科学の視点をプラスしよう

　休校中、子どもたちの多くが、毎日のように散歩をしています。休校前よりも、その頻度も距離も増えているでしょう。ここでは、毎日の散歩をフィールドワークに変える二つの取り組みを紹介します。

　オンラインで子どもたちをつなぐことで、日常生活に科学の視点がプラスされます。

Biome(バイオーム)で散歩をフィールドワークに！

　Biome は、生き物コレクションアプリです。自分が見つけた動物や植物を、図鑑としてコレクションすることができます。生物名判定AI 搭載で、写真を撮るだけで何の生き物かを調べてくれます。

　子どもたちには、リアルポケモン図鑑と紹介しています。生き物を見つけるとそのレア度によって、レベルが上がります。マップ機能もあり、どこに何の生き物がいるかが表示されます。

　学校のオンライン授業では、定期的に Biome に関する交流の時間を設けていますが、とても盛り上がります。こうしたアプリを活用するのも、日常生活に科学の視点をプラスする有効な手段だと考えています。

オンライン掲示板で日常の発見を交流

　Google Classroom を使って、「発見ポスト」というオンライン掲示板をつくりました。

　子どもたちが日常の発見を、写真や動画付きで自由に投稿することができます。

　そして、投稿に対してのコメントもできます。この掲示板を使って、子どもたちは休校中も毎日、日常の発見を交流していました。

・飼っていたメダカが卵をうみました！

・ふしぎな形をしたこん虫を見つけました。

・魚の解剖をやりました。これが写真です。

　こうして日常の発見や取り組みを共有することで、その発見が深まったり、新たな発見につなげたりすることができます。何より、誰かに見てもらえることで、次への意欲が湧きます。

　いくつかある掲示板の中でも、一番アクティブな掲示板で、子ども同士のコミュニケーションの場としても機能しています。

（吉金　佳能）

キッチンサイエンス
のすすめ

キッチンサイエンスのすすめ

　休校中に取り組んだことを聞くと、「料理」という回答が多く返ってきます。そんな料理に科学の視点をプラスすることで、より楽しく、また理科との横断的な学びに進化します。

　ここでは、オンラインでのキッチンサイエンスを、一つの実践を通して紹介します。今回紹介するバターづくり以外にも、色が変わる焼きそばや、色が変わるジュース、マヨネーズづくりなど、さまざまなキッチンサイエンスで応用できます。

バターづくり

　5年生と、生クリームとペットボトルを使ってバターをつくりました。作り方はとても簡単で、生クリーム100mLを空のペットボトルに入れて、ふたをして振るだけです。3分もすると固まってきます。10分もふれば完成します。Zoomを使ったオンライン授業では、この過程をみんなで共有して楽しみました。

①準備物を確認します。「どんな生クリーム用意した？」と聞くと、画面で見せ合っています。「乳脂肪分は何％？」と問うといろいろな答えが返ってきます。このように、楽しく進めていきます。

②生クリームをペットボトルに入れ、「せーの」で振ります。ミュー

トを解除しているので、さまざまな反応が聞こえてきます。

③ 3分くらいしたら、グループ分け機能を使い、3〜4人グループに分けました。実験しながらだと、話も弾みます。

④ 10分したら全体に集めます。よく見ると固形のバターと、バターミルクという液体に分かれていることに気が付きます。

⑤ ペットボトルをハサミで切って、バターを出して完成です。

手作りバターを使った料理をつくろう！

オンラインでのキッチンサイエンスは、ここからが本番です。オンラインで学びの入り口をつくり、オフラインでの探究につなげるというのはオンライン授業の王道パターンでしょう。

つくった料理は、下の写真のように共有しました。いつでも見られるので、ここを参考に別な料理をつくる子も多くいました。

（吉金　佳能）

YouTube や GoogleMap から学びへ

　YouTube や GoogleMap から学びにつなげていけるというのもオンラインの良さです。

　YouTube は今や、いろんなことが学べるコンテンツとなっています。

　たとえば、木でいすを作りたい、漫画を描きたい、算数の九九の覚え方、都道府県の覚え方、リコーダーの吹き方、跳び箱の跳び方など、やりたい！と思ったことを調べることができます。

　最初の５分で全員で動画を見る。残りの時間で実際にやってみる。

　最後に全員でやってみたことをシェアしてみます。Zoom 上でできあがったものを見せあってもいいですし、他ページの先生たちが紹介してくれているサイトやアプリを使うことで保存して後から見直すこともできます。

　そして何より子どもたちの生きていく社会は、オンライン、オフラインを自由に行き来するのが当たり前になっています。それを前提にこちらが学びの環境をデザインしていく必要があるのです。オンライン上でも、インプット→アウトプットを繰り返すことで学びを深めることができます。

　GoogleMap を使えば、学区の探検や歴史的建築物、世界遺産なども容易に訪れることができます。学区にある遺跡をあらかじめ予習しておいたり、自分の住んでいる市の形を俯瞰してみたり。高低差について調べる学習や、日本で一番大きな湖をストリートビューで見てみようといった個人で取り組む課題も出すことができます。

　学びに火がついた子どもたちは、勝手に一番小さい湖を調べ始めたり、世界一の湖について調べたりと、どんどん興味の幅が広がっていきます。紙の学習よりも広がりやすいところがオンラインならではのメリットです。一番に見つけた子どもはとても誇らし気な顔をしています。

（深見　太一）

第 **7** 章

オンライン
学級づくりの
Q&A

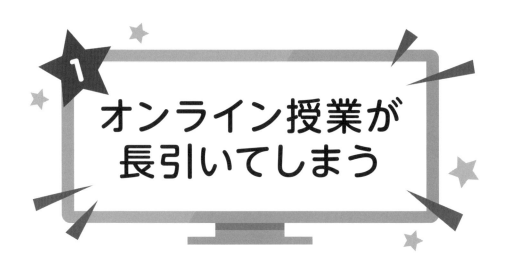

オンライン授業の時間感覚

普段行っている対面の授業に比べて、オンラインの授業では時間の配分が難しくなります。教室で児童の手元が見えるときは、だいたいあとどれくらいで完了するか見通しが立てられますが、オンラインでは同じようにはいきません。

下を向いて手を動かしている子どもが多く映っていると、「あ、もう少し時間を取ったほうがいいかな」と思ってしまうものです。その感覚に任せていると、なかなか思った時間どおりに終了しなくなってしまいます。

家庭学習で行うこと

上記のように、思いのほか、時間がかかってしまうだけでなく、オンライン授業での時間の制約は大きいものでした。画面を長時間見ることで視力や集中力への影響が心配され、私たちの学校では授業時間を通常よりも短くしてオンライン授業を開始しました。

一コマで終了しないときは、二コマにわたって行うなどの調整も行いましたが、短い時間でも完結できるような工夫をします。

たとえば、自分の意見をまとめるというような、まとまった時間を要するものは宿題で行うようにしました。そして意見を発表するとこ

ろを動画に収め、Flipgridでアップロードするところまでを、各自が行う課題にしました。

そうすると「みんなの意見を聞く機会がなくなるのではないか」という懸念も生まれますが、授業で時間を設けなくても、子どもたちは友だちの投稿をよく見ていました。

ほかの子どもの投稿にメッセージをつけたり、すでに公開された動画を参考にして自分の動画をつくったりして、教室で行うのと遜色なく取り組んでいました。

ほかにも、ノートを取る時間をあえて設けず、考えることに焦点をあてて授業することもできます。

「ノートを取る時間は取りません。授業後、先生が黒板に書いた内容を皆さんに共有します。ノートをまとめるときは、それを参考にして書けばいいので、授業時間は思考を優先して、どんどん発言しましょう」

このように説明すれば、子どもたちは考えることに集中できます。板書内容をデータ化してGoogle Classroom等に掲載し、ノートにまとめることを宿題にすることもできます。

授業で行った内容を、時間を置いてからノートにまとめると、学習内容の全体を俯瞰することにもつながります。

授業で何を重視するか

オンライン授業を始めた当初、とくに低学年では「教科書〇〇ページを開きましょう」「開いたかな？」「開いた人はOKサインしてくださーい」と、子どもへの指示をゆっくり行うこともありました。

だんだん慣れるにしたがって、丁寧な導入も不要になっていきます。始めの段階では配慮も必要ですが、結局は授業で何に重きを置くかを意識することが大切です。

（中村　健人）

2 オンラインだと うまく発言できない 子どもがいる

オンラインへの抵抗

　新しいものに適応しやすいといわれる子どもたちでも、オンライン授業に苦手意識を持つ子どもは一定数いるように思います。緊張してしまうという子、恥ずかしくて自分の顔をカメラに写したくないと思う子など、理由もそれぞれです。

　そのような子どもに対しては、発言やカメラをつけることを強要せず、できることからさせてみましょう。緊張してしまう子がいるクラスでは、「○○と思った人！」「○○じゃないと思った人！」と挙手で意思表示する機会をつくって、参加しやすくしました。

　また、宿題で事前に練習した範囲を授業で音読してもらうなど、「これならできそう」と思うものから慣らしていきました。

　カメラを嫌がる子に対しては、個別に話す時間を設けました。そして、何だったら実践できそうか子どもに考えさせてみます。

　「朝の会だけはカメラをオンにしてみよう」などと小さい目標をつくって、少しずつ前進させていきます。

オンラインならではの良さを活用する

　オンライン授業では、教室と同じように進行できない状況を逆に利用して、子どもの発言を促すこともできます。

たとえば、自分の意見や、自分がどう解いたかをまとめ、発表させるとき。教室では、教師は誰がどんなことを書いたかを把握できるため、それをもとに発表させる段取りを考えられます。

　しかし、オンラインでは子どもの手元がはっきり見えないため、同じ方法では進められません。

　そこで、「意見をまとめて発表する」までを宿題にしてしまいます。Flipgrid というアプリを使い、数分の動画を投稿させます。

　子どもは自分の意見を練り直す時間も取れ、納得できるまで撮り直しをして提出できます。指名されてその場で発言するのが苦手でも、この方法で上手に発表できた子どももいます。

　ほかにも、教室ではなかなか声が出ず、全員が聞こえるように発表できない子どももいます。オンライン授業のほうが、そのような子どもが発言しやすい環境を実現できます。大きくない声でもマイクがひろってくれるからです。

無用な不安を生まないルールづくり

　教師がオンライン授業に慣れていない場合、指名したのに反応がないと、「〇〇さん、〇〇さん、あれ、聞こえないかな、〇〇さーん……」と不安になって何度も呼びかけます。すると、子どもは急かされ、プレッシャーに感じてしまいます。

　このような事態を招かないためにも、「呼ばれたら、わからなくてもまずは『はい』と言う」などルールをつくることが大切です。お互いが過剰に不安にならずに進めるため、仕組みと配慮が必要です。

（中村　健人）

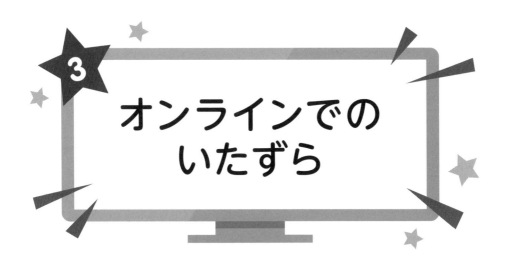

ちょっとしたいたずら

普段の学校生活でもちょっとした友だちとのもめごとは起こりますが、オンラインだからこそ起こったものももちろんあります。とくにオンライン授業を開始した頃に多かったのが、「友だちのマイクを勝手にミュートする」といういたずらでした。

私たちが使用している会議ツール Google Meet では、参加者がほかの参加者をミュートにできる機能があります。もとはハウリングを防ぐためのものですが、それが悪用されてしまったのです。

何のための集団授業か

この頃は初めて使うツールを「押したらどうなるかな」と試してみたくなっただけ、という動機がほとんどでした。始業式で校長先生のマイクをミュートにするという事例もありました。

これは一度注意すれば収まりましたが、その後も発言中の友だちのマイクをわざとミュートにする行為が何度かありました。ふざけて行ったものについては毅然と注意します。

しかし、「授業に関係のないおしゃべりを始めたからミュートにした」という、授業の進行を考えての行動もありました。その子どもなりにほかの友だちや授業のことを思いやって行ったものなので、ただ

叱ることは避けたいものです。私は、みんなで学ぶ意味に結びつけて話をしました。

「今の〇〇さんの発言は、確かにただのおしゃべりみたいだった。でもね、その発言がきっかけになって、もっと学びが深まることもあります。みんなが一緒のクラスで勉強する意味は、ここにあるんじゃないかな。誰かの気付きがきっかけになって、ほかのみんなも勉強になる。全員分の気付きを大事にしたら、もっともっと勉強になるよね」

その後は、子ども同士でもルールを声高に言うだけの注意でなく、「〇〇さんが話している途中だから、ミュートしないで」と、意味のある指摘ができるようになりました。

オンライン授業のルール徹底

オンラインでは、複数の子どもが同時に話してしまうと聞き取れなくなってしまいます。そのため、発言したいときはカメラに向けて挙手をするというルールをつくったものの、教室と同じように大きな声で「はい！はい！はい！」と言って存在を示す子どももいました。

そうなると、ルールをきちんと守っている子どもの発言が少なくなり、「自分も発表したいのにずるい」という不満につながる事例もありました。

そこでクラス全員にルールを守ることを説くとともに、発表したいと思って声を出す人も、ルールを守って発表したいと思う人もいるということを確認しました。

自分の思いを全面に押し出すだけでなく、他者の目線に立って考えるということをお互いに学ぶきっかけとなりました。

（中村　健人）

インターネットの使い方に関わるトラブル

　授業をオンラインで行うにあたって、インターネットを使うことでトラブルが起こることを不安に思う保護者や教師もいます。

　トラブルが心配だから禁止してしまうのではなく、そこから学びの機会をつくることもできます。

　多かれ少なかれ、今の私たちはインターネットに触れて生きていかなくてはなりません。子どものうちに経験した小さな失敗を、インターネットと上手に付き合っていくきっかけにしましょう。

楽しい動画投稿

　国語では、一つの単元を終えた際にまとめの課題として、Flipgridを使って自分の意見を提出させました。数分の短い動画を撮って投稿する課題には、YouTuberのような演出や器用な編集まで見られ、子どもたちは楽しんで活動します。

　授業とは別に、自由に動画を投稿できるコーナーをつくってほしいと要望を受け、「マナーを守って使うこと」を条件に開設しました。

　その矢先、1人の児童から「先生、〇〇さんの動画を見て、私は悲しい気持ちになりました。先生はどう思いますか？」という連絡がありました。該当の動画には、受け取り方によっては差別に聞こえる表

現があったのです。

　私はその動画を削除し、投稿したという子どもと話をしました。どういう意図で撮ったのかと聞くと、本人はおもしろいと思ったからと答えます。そこで、どうして動画を削除したのか、こちらの意図を伝えました。

　「〇〇さんの動画は、受け取る人によっては差別に聞こえるところがありました。もし、SNS を使って世界中に公開していたら、いろんな人を傷つけて炎上していたかもしれない。これはクラスの中で収まったけど、これからインターネットを使っていくときには、受け手のことも想像しなきゃいけないよ」

自覚ある行動をしよう

　またあるときには、保護者から「子どもの使っている端末で、気になる検索履歴があった」との連絡がありました。これを機に、インターネットの危険な面について扱う授業を実施しました。

　おそらくその子どもは、保護者や教師によって履歴を知られることを知らなかったのでしょう。子どもを取り巻く大人のほかにも、防犯のためインターネットを監視する存在があることは、知っておくべき事実です。

　だからこそ、インターネットを利用するときはそれを自覚し、後ろ暗いと思うことをしない。そして、自分が犯罪に巻き込まれる可能性があることも十分自覚して行動することを伝えました。

　保護者にも監視ではなく、見守りをお願いしておく必要もあるかもしれません。

（中村　健人）

子どもが
つまらなさそうに
参加している

そもそもの原因は何か？

「子どもがつまらなさそうに参加している」

この状況は、今までのオフラインの活動にもあったのではないのでしょうか。今までのスタイルと同じことをしていたのでは、出てくる課題も同じになると思います。大人側のマインドセットに原因があるかもしれません。

私自身の教師経験は7年目で、子どもが楽しく参加できる授業を提供できているか、と振り返ると改善の余地がたくさんあります。

しかし、子どもと一緒に楽しむことを大切にしようと日々取り組んでいます。そうすることで、結果的に教師も子どももお互いに楽しく活動することにつながるのではないか、と考えています。

難しいこと、しんどいことも、誰かと一緒にやると楽しみを見出せるかもしれません。

では、つまらない原因を考えて挙げてみます。「内容がよくわからない・興味がわかない・リアルに比べて楽しさが伝わっていない・操作が難しい、わからない・別のことに興味がある・面倒くさい・やる気が出ない」などさまざまあると考えられます。でも、そこに参加していることがまずえらいのです。本当に興味がなければ接続しません。

子どもの理解に熱意を向ける

　このような本を手にとって読んでいらっしゃる皆さんは、今までリアルな場で子どもたちのそういう（つまらなさそうにしている）様子を間近で感じ、どうしたらよいか悩みながらも、子どもが活動することの価値を問いながら何がその子にとって適切か、目指したいことは何かとあれこれ探りながら接してきたのではないでしょうか。

　オンラインで何かできないかと、「方法」だけにとらわれるのではなく、ぜひ子どもの理解に力を向けていくとよいと考えます。その子どものよいところはどんなところか、好きなものは何か、何に興味が向くのかなど、今までオフラインで子どもを理解しようと取り組んできたことを大事にすると、オンラインでも子どもは安心して参加します。

1対1で話すこと

　ビデオ会議ツールには、ブレイクアウト（参加者をグループに分けて話す機能）や個別チャットなど、少人数でやりとりできる機能があります。そのような機能をうまく活用して、子どもと1対1でコミュニケーションをとる時間をつくることができます。

　初めての人とオンラインで話すことと、実際に会ったことのある人とオンラインで話すこととは、同じオンラインでも心理的な意味合いが全く違います（初めての場に行けば大人も緊張しますよね）。

　子どもがイメージしているオンラインの場に対して心理的な安全性を持たせることが、つまらなさを解消する手だてになったらいいですね。そのためのさまざまなアクティビティは今までのページに出ているとおりです。

　オンラインでも、オフラインでも、子どもの様子をよく見て、話をして、信頼関係を築くことが大切だと考えます。

（植野　鐘太）

6 オンラインができる子とできない子の溝ができる

見捨てていないよ！

ネットにつなぐことができない家庭に対して、配慮をしていくことはもちろん必要だと思います。その考え方はとても大切です。オンラインで行われている授業等に対して、興味もあると思います。

ですので、できる限り全力で支援することが大事です。「あなたのことは、見捨てていないよ」というメッセージが伝わるようにしたいです。

オンラインによっての目的の上位にあるのは、授業をして学力を上げるということではなく、心と心のつながりだと私は考えています。ですから、この目的のために溝ができてしまっては本末転倒です。

心と心をつなぐための例を挙げてみたいと思います。

ケース1：環境があっても、時間に合わせられない

オンラインにつなぐことができる環境はあるが、学校で決めたオンラインの時間には、つなぐことができない状況です。

この場合は、保護者と連絡をとり、何時ならば接続可能なのかを聞いてみるのはどうでしょうか。そして、その時間に接続可能な子どもに入ってもらうことで、少数でもつながる時間をつくることができると思います。

ケース２：データ通信量が気になる

オンラインをすると、どうしてもデータ通信が行われます。データ制限がある場合、ここもネックになってきます。

たとえば、朝の会の対話の時間のみ出席することや、毎日ではなくてもいいことなどを発信していくのはどうでしょうか。たとえば、週に１回は５分程度の時間で終わる日をつくるのもいいかもしれません。

授業であれば、意見を交流するまでの準備はホームページ上で課題を示しておき、意見の交流をする時間として、オンラインの場を設定するなど、目的に合った運用を考えることは、参加できない子どもがいてもいなくても大切な視点だと思います。

学級・学年として一緒に考えること

ここで挙げた方法は、ほんの一例です。

これ以外にもケースはあるでしょうし、もっとよい解決方法もあると思います。大切なことは、最初に書いたことですが、「あなたのことは、見捨てていないよ」という姿勢です。

もう一つは、この問題を、教師だけが抱え込むのではなく、学級・学年として一緒に考えることです。この問題解決を通して生まれる絆、学級経営の視点というものもあると思うからです。

オンラインでの集まりで、教師からの「見捨てていない」というメッセージを伝えていきます。そして、子どもたちからも、アイデアを募集していくのです。そうすると、私たち大人が考えるよりも身近で、具体的で、素敵なアイデアが生まれるかもしれません。

また、違う立場になったとき、この学級、学年、教師は、「誰も、見捨てない！」という強いチームを築き上げることができるのではないでしょうか。

（沼尻　淳）

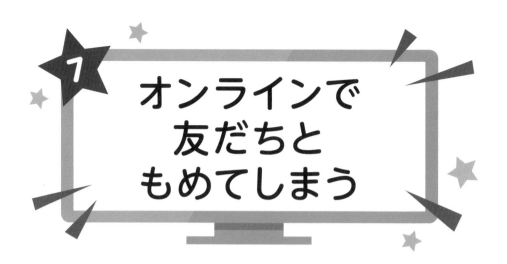

人が関わるということにもめごとはつきもの

　学校や家庭では「けんかはいけない」「みんな仲よくしよう」というような価値観を、学校教育から推し進めているようなところがあります。しかし、もめごとが生じるのは極めて自然なことです。

　むしろ人間関係上のトラブルは、避けることができないものとして認め、"起きてから"の対応方法を考えておくことで、もめごとをプロアクティブな教育の機会に変容させていくことができます。

話し合いのルールと求められるもめごと解決策

　スムーズなもめごと解決には、以下のような五つのルールを決めておき、もめごと対応の際に確認することが有効です。

　①　この話し合いのルールを守る

　②　正直に自分の気持ちを話すこと

　③　しっかりと相手の話を聞くこと

　④　相手が話をしているときは、決してさえぎらないこと

　⑤　解決するためにはどうすればよいか考える

教師はあくまでも仲裁者としての立場を崩さない

　ここでの対応では、当事者双方が言い分を十分に話せるよう中立者であることを大切にし、Aが悪い、Bが悪いと自ら判断を行いません。あくまでも当事者が善悪の判断をします。教師は子ども同士の合意形成に導く役割に徹します。

　しかし、子ども同士の話し合いで行きづまった際に、解決策を提案することは有効ですが、その場合も当事者双方の同意を得るのが鉄則です。こうすることで、保護者にも納得してもらえるもめごと解決が実現できます。

具体的な手順

① もめごとの確認（当事者AとB、両方に確認する）
② 話し合いへの同意（AとB、両方に確認する）
③ ルールの確認（AとB、両方に確認する）
④ 話す順番の決定
⑤ Aが話す
⑥ 教師がAの話を繰り返す（整理し画面共有するとgood）
⑦ Bが話す
⑧ 教師がBの話を繰り返す（整理し画面共有するとgood）
⑨ 食い違いが明らかになるまで⑤〜⑧を繰り返す
⑩ 当事者の願いを確認する
⑪ 解決策を考え合う（教師が"提案"することもOK）
⑫ 出された解決策に同意する
⑬ 今後の関わり方について話し合う

参考文献:池島徳大・竹内和雄『ピア・サポートによるトラブル・けんか解決法!─指導用ビデオと指導案ですぐできるピア・メディエーションとクラスづくり』(ほんの森出版、2011年)

（松山　康成）

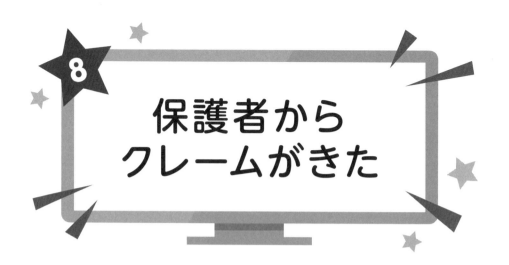

保護者からのクレームのとらえ方

　学校でオンラインを導入し始めると、はじめはさまざまな保護者からのクレームの声があがるかもしれません。ネット環境の格差からくる声や、ネット依存症や視力低下など子どもの健康面を心配しての声です。

　あるいはオンラインで学校の授業が家庭に届けられるようになると、家庭で保護者も子どもたちが受けている授業を見ることができるようになり、担任間、学校間の授業の質の違いなど、授業内容そのものに対するクレームもくるかもしれません。

　ただし、それらのクレームは、保護者の立場に立ってみると当然の声でしょう。我が子によりよい環境でよりよい授業を受けてほしいという当然の気持ちの現れです。

　そしてそれは教師側も同じように思っているはずです。ですから、それらの声を保護者から聞けることはとても喜ばしいことです。

　「そういった声をいただけて、とてもうれしいです。確かに現時点で、解決しないといけない課題がいくつもあります。ぜひ一緒にオンラインを使った新しい教育をつくっていきましょう。子どもたちの今と未来の幸せのために」などと伝え、声をあげてくれた保護者を味方につけ、一緒に問題を解決していく仲間になってもらいましょう。

学校の説明責任

　オンラインを導入し始めるなど、学校が新しいことにチャレンジするときは、保護者や地域に丁寧に説明をする必要があります。

　できることだけでなく心配ごとやできないことも含めて説明する必要がありますが、どうやら学校はそれが苦手です。学校と保護者とで壁ができています。しかしこれからは学校からの説明などにもオンラインを活用して保護者との連携を密にすることができます。

　具体的な方法としては、Zoom でのオンライン会議や YouTube のライブ配信などで保護者説明会をするということです。

　この場合、これまでのような決定事項の通知だけでなく、議事録などの内容も公開し、十分検討した上で決定した経緯も公開できるとよいです。チャット機能やコメント欄に保護者からの意見も聞くことで、一緒によりよい学校をつくっていけます。

まずはやってみよう

　新しいことにチャレンジしている限り、どんなに十分検討しても、心配なことは残ります。保護者からのクレームといわれるもののほとんどは心配からくるものです。クレーム＝心配です。つまり保護者からのクレームが一つもないチャレンジはありません。

　できる限りの検討をしたのならば、まずはやってみましょう。そこで想定外のクレームがきたとしたら、それはとても前向きなことです。保護者の視点でしか気付けなかった、子どもたちのために必要な心配ごとを教えてくれたということだからです。

　これからさまざまなことにチャレンジをしていく子どもたちに、大人たちが見せていくべき姿は、心配だからと何もやらない姿ではなく、どんどんチャレンジしていく姿です。

（安東　哲也）

おわりに

信頼できる仲間をつくること

　この本は、執筆者をメッセンジャーでつなげて、協力しながら書いていきました。

　「オンラインでのトラブルを原稿依頼されているのですが、みなさんの学校であったこと教えてください！」

　「こんなトラブルがありました」

　「こんなことも注意が必要です」

　今まで数々の本の執筆をさせていただきましたが、このようなことは初めてでした。

　私たちはコロナを通して、まさに正解のない時代を生きています。オンライン授業はあくまで手段。今までにない教育の在り方を模索していかなくては、よい教育を行うことができません。そこで大切なことは、「信頼できるたくさんの仲間をつくること」だと思っています。

　今年に入って、日本中、世界中の先生とつながることができました。その先生から、今まで考えもしなかった指導法もたくさん学びました。今、クラスの子どもたちと楽しく過ごせているのは、その学びがあったからこそだと思います。皆さんに感謝しかありません。

　今こそ、教育とはどうあるべきか考える必要があります。今までの常識にとらわれず、教科という枠組みすら見直すチャンスです。すべての子どもたちが、幸せな人生を過ごすために、今の教育のままで本当によいのでしょうか。

　一斉授業から個別最適化へ。若手、ベテラン関係なく、今の子どもたちのために最善の教育を提供できるよう、私はたくさんの仲間とともに、勉強し続けたいと思います。たくさんの方に支えていただき、この本を書くことができました。ありがとうございました。

庄子　寛之

日本中の先生を勇気付けたい！

「日本中の先生を勇気付けたい！」

自分が毎回 YouTube の冒頭で発しているメッセージです。この本はまさにこのメッセージが、形になった本です。

今まで経験したことのない3か月間の休校。そしてコロナの対応。Twitter を見ていると疲弊している現場の先生たちの、悲痛な叫び声がたくさん聞こえてきます。ではなぜ、疲弊するのでしょうか。

それはシステムが悪いからです。今まで、システムがおかしいと思っていても、そこに集う先生たちの努力で幾度となく乗り越えてきました。しかしその努力もそろそろ限界を迎えています。今度はみんなで声をあげて、システムを変えていかなければいけません。

コロナという外圧によって、大きく転換した教育システム。オンライン化もはからずも、前に進むことができました。せっかく前に進んだシステムをもっとより良いものに発展させよう。そんな願いがこもったものになりました。とある学校では、Zoom で朝の会を休校中毎日行っていたことで、学校再開したときに今までいた5人の不登校の子どもが、全員学校に来られるようになったそうです。

一緒に企画をした庄子先生が話してくれた、コロナがあったからかわいそうな子どもたちにするのではなく、コロナがあったから幸せに過ごすことができた子どもたちにしていかなければと思います。それができるのが先生たちの力だと思います。

急なお願いにもかかわらず、笑顔でやりましょう！と答えてくださった編集の河野さん。無理な締め切りスケジュールにも、前向きに取り組んでくださった日本・世界中の仲間たち。皆さんへの感謝の気持ちを記し、筆をおきます。本当にありがとうございました。

深見　太一

執筆者一覧（50音順）

【編著】

庄子　寛之（東京都調布市立多摩川小学校指導教諭）

深見　太一（瀬戸SOLAN小学校教諭）

【著者】

安東　哲也（愛知県公立小学校教諭）

伊藤　丈泰（愛知県豊田市中学校教諭）

植野　鐘太（神奈川県横浜市立平安小学校教諭）

江澤　隆輔（福井県坂井市立三国中学校教諭）

片野　祐斗（シンガポール日本人学校小学部チャンギ校教諭）

椎井　慎太郎（新潟大学附属新潟小学校教諭）

竹山　輝（ニューヨーク育英学園教諭）

中村　健人（ニューヨーク育英学園教諭）

沼尻　淳（新渡戸文化小学校教諭・小学校教育デザイナー）

松山　康成（大阪府寝屋川市立西小学校教諭）

やまだ　しょう（瀬戸SOLAN小学校教諭）

山手　俊明（新渡戸文化小学校教諭・小学校教育デザイナー）

吉金　佳能（宝仙学園小学校教諭）

子どもがつながる！　オンライン学級あそび

2020年9月10日　初版発行

編 著────　庄子　寛之・深見　太一
　　　　　　　しょうじ　ひろゆき　ふかみ　たいち

発行者────　佐久間重嘉

発行所────　学 陽 書 房
　　　　　　　〒102-0072　東京都千代田区飯田橋1-9-3
営業部────　TEL 03-3261-1111／FAX 03-5211-3300
編集部────　TEL 03-3261-1112
　　　　　　　振替口座　00170-4-84240
　　　　　　　http://www.gakuyo.co.jp/

ブックデザイン／スタジオダンク　　イラスト／尾代ゆう子
DTP制作／越海辰夫　　印刷・製本／三省堂印刷